ABRAÇO DE PAI JOÃO

Copyright © 2015 by Wanderley Oliveira

1ª Edição | fevereiro de 2015 | do 1º ao 10º milheiro

2ª Reimpressão | fevereiro de 2016 | do 16º ao 18º milheiro

Dados Internacionais de Catalogação Pública

ANGOLA, Pai João (Espírito)

Abraço de Pai João.

Pai João de Angola (Espírito): psicografado por Wanderley Oliveira.

DUFAUX: Belo Horizonte, MG. 2015

230p.   16 x 23 cm

ISBN: 978-85-63365-61-3

   1. Espiritismo   2. Psicografia

   I. OLIVEIRA, Wanderley   II. Título

CDU 133.3

Impresso no Brasil | Printed in Brazil | Presita en Brazilo

Editora Dufaux
R. Contria, 759 - Alto Barroca
Belo Horizonte - MG, 30431-028
Telefone: (31) 3347-1531
comercial@editoradufaux.com.br
www.editoradufaux.com.br

 Conforme novo acordo ortográfico da língua portuguesa ratificado em 2008.

Todos os direitos reservados à Editora Dufaux. É proibida a sua reprodução parcial ou total através de qualquer forma, meio ou processo eletrônico, sem prévia e expressa autorização da Editora nos termos da Lei 9 610/98, que regulamenta os direitos de autor e conexos.

Adquira os exemplares originais da Dufaux, preservando assim os direitos autorais.

ABRAÇO DE PAI JOÃO

PAI JOÃO DE ANGOLA PELO MÉDIUM
WANDERLEY OLIVEIRA

Série
Romance Mediúnico

Dufaux
editora

SUMÁRIO

APRESENTAÇÃO
MARIA JOSÉ DA COSTA 6

ABERTURA
PALAVRAS DE PRETO-VELHO
PAI JOÃO DE ANGOLA 10

PREFÁCIO
ESPÍRITAS DE BEM COM A VIDA
INÁCIO FERREIRA 12

1 ESTADO DE PERTURBAÇÃO APÓS A MORTE FÍSICA 18

2 CARÊNCIA AFETIVA, UMA DOENÇA EMOCIONAL MILENAR 34

3 MACUMBA PEGA? 52

4 HIERARQUIA DE PODERES NO MUNDO ESPIRITUAL 74

5 DOENÇAS CONTINUAM NA VIDA ESPIRITUAL 88

6 A FORÇA TERAPÊUTICA DA MATÉRIA FÍSICA 98

7 RESPONDENDO AOS MEUS IRMÃOS DE CAMINHADA 122

8 A RAIZ DA CARÊNCIA AFETIVA 142

9 A URGÊNCIA DO AUTOAMOR 168

10 ENCONTROS AFETIVOS PLANEJADOS 190

ENCERRAMENTO COMO VENCER O CICLO EMOCIONAL VICIOSO DA CARÊNCIA AFETIVA WANDERLEY OLIVEIRA 208

APRESENTAÇÃO

Reencontrar Pai João de Angola nesse livro trará grata surpresa aos seus leitores. Isso porque o Pai João que escreve essas reflexões se apresenta com uma linguagem diferente, mas essencialmente afetiva, como lhe é próprio.

Em seu primeiro livro *"Fala, preto-velho"* conhecemos o autor na roupagem de sua penúltima reencarnação onde foi negro escravo em uma fazenda do Brasil Colonial. Com seu jeito simples, com a linguagem característica dos espíritos que não foram privilegiados pela cultura intelectual, mas a quem não faltou sabedoria profunda, ele tocou nossas almas com conselhos esclarecedores e abrangentes sobre o autoamor, nos inspirando a retomar a condução de nossos destinos com amorosidade, firmeza e brandura.

Ele retorna nessa obra com a personalidade de sua última reencarnação, o brilhante educador Cícero Pereira[1] que foi considerado por seu contemporâneo Chico Xavier como um embaixador do Evangelho, pois toda sua vida foi a expressão dos ensinos do mestre Jesus, onde a humildade e o marcante amor pelos seus semelhantes se manifestava em suas menores atitudes e em seus artigos publicados no jornal "O Espírita Mineiro". Deixou um patrimônio de exemplos de respeito e amor ao trabalho, à família, aos amigos e ao Espiritismo.

Neste livro podemos perceber a sabedoria do preto-velho ampliada pela cultura do professor e aprimorada pelo seguidor dedicado do Cristo. Adotando conceitos simples e práticos, como lhe é peculiar, ele estuda a carência afetiva em casos ricos de lutas, desafios e superações. Um estímulo para que permaneçamos no processo de autoconhecimento e resgate das potências divinas de nosso espírito.

Esclarecemos aos nossos leitores que quando conhecemos o Pai João em nossas reuniões mediúnicas, há muitos anos, ele se apresentou como um preto-velho e nos esclareceu que é assim que ele gosta de ser, pois a sua reencarnação como escravo foi decisiva para aquisição da aceitação, da amorosidade e do perdão em seu espírito.

Especialmente neste ano de 2015, em que a Editora Dufaux completa dez anos de existência, ficamos muito gratos pela

---

1 Cícero dos Santos da Silva Pereira (1881 – 1948), nascido em São José do Gorotuba, distrito de Grão Mogol, MG. Tornou-se presidente da União Espírita Mineira no ano de 1937. Desencarnou em 4 de novembro, em Belo Horizonte. Em uma encarnação mais distante foi o espanhol Francisco Jiménez de Cisneros (1436-1517), mais conhecido como Cardeal Cisneros.

oportunidade de lançar este livro que, como os anteriores, representa os esforços da espiritualidade maior em trazer para humanidade os ensinos necessários para a implantação do reino de Deus em nossas almas.

Nosso propósito maior tem sido, e será sempre, o de publicar conteúdos que levem nossa humanidade a construir, de forma cada vez mais consciente e responsável, a era da regeneração, onde os esforços de todos estarão voltados para o bem que busca a sintonia fina com Deus, Criador de todos os seres e de todas as coisas.

Maria José da Costa.

Belo Horizonte, novembro de 2014.

ABERTURA

PALAVRAS DE PRETO-VELHO

Que *lorvado* seja *nossu* sinhô *Jesum* Cristo, *muzanfio*!

Nego véio tá com coração feliz. *Nego véio* pede ao *Sinhô* da vida que o *palavriado* desse *nego* ajude os *fios* a *sê* mais feliz.

Que dê mais amor e mais alegria na vida de todos os meus *fios* de Deus!

Oh *muzanfios*, sigam um conselho. Repitam todos os dias, com Deus na alma: "eu *tô* de bem com a vida.".

Que o Mestre proteja todos *vosmecê*, na paz de Zambi[1].

Pai João de Angola.

Belo Horizonte, novembro de 2014.

---

1 Nzambi ou Zambi, é o deus supremo e criador da nação de Angola.

PREFÁCIO

ESPÍRITAS DE BEM COM A VIDA

> "E, caindo em si, disse: Quantos trabalhadores de meu pai têm abundância de pão, e eu aqui pereço de fome!"
>
> Lucas, 15:17.

"[...] e eu aqui pereço de fome", que expressão pode melhor traduzir nossa condição espiritual na evolução para Deus?

Estamos com fome de amor. Sobretudo de sermos amados.

Não é por outra razão que o Evangelho e o Espiritismo são bandeiras sólidas para suprir essa necessidade. O amor ao próximo é, sem dúvida, o remédio, a nutrição que sacia a fome e oferece razão de viver e seguir.

Essa fome, no dicionário emocional, chama-se carência. Uma doença que pode nos levar à perturbação e, possivelmente, até à loucura.

Sem dúvida, essa necessidade natural de amar e ser amado é um princípio fundamental para a sanidade humana, física e mental. Na ausência desse alimento, instala-se a falta de nutrição afetiva, gerando uma sensação de vazio no peito que tentamos preencher com o amor de alguém. Em um estado extremo de carência, um sorriso dado por puro sentimento de simpatia pode ser interpretado como interesse em um sério compromisso afetivo. Não estou brincando. Isso acontece.

É maravilhoso ter alguém para dar atenção e carinho e dele receber todo apoio e incentivo, porém, como Pai João de Angola nos alerta, carência é você não ter a si mesmo.

A maior dor do carente é sentir que não tem a si próprio, que ele não se basta e, por esse motivo, consome-se em buscar e exigir o amor alheio, em um sinal de profunda imaturidade emocional.

E, quando falta o alimento do autoamor, a alma sofre e a mente adoece. As dores mais comuns dessa enfermidade são: a sensação de fracasso, a solidão, a baixa autoestima, a necessidade de agradar para ser amado, a inveja destruidora e a tristeza sem fim.

O movimento emocional que as pessoas carentes fazem diante desse furacão de dores interiores é viver uma vida de sacrifício, abandonando totalmente a si mesmo para adquirir o amor dos outros. Esperam resolver sua necessidade afetiva com a infeliz e falsa noção da "cara metade".

Nascemos completos. Não precisamos de metades de ninguém para sermos felizes, pois somos inteiros perante a divindade. Só precisamos descobrir isso.

No caso de você padecer de carência, trate-se e aprenda a se amar. Passar uma vida se sacrificando para ser amado não lhe dará a menor garantia de que vai conquistar o respeito, o carinho e o amor das pessoas. Se você não tomar alguns cuidados fundamentais em relação a você, até mesmo o movimento sagrado do amor ao próximo não passará de um caminho repleto de expectativas mágicas de sua mente que acobertam necessidades profundas de sua alma.

Acredite: autoamor funciona e pode libertar e curar. Se não for esse o seu ponto de partida, você estará retardando sua melhora e sua felicidade. Não se iluda sobre o amor alheio para com você. Ame primeiramente a você mesmo. Tome conta de si mesmo amorosamente. Descubra como é bom ser o que é, aprenda a ter prazer com sua própria vida. Essa mudança energética consigo mesmo vai determinar alterações em seus relacionamentos.

Quem espera encontrar um amor, sem mudar e amar a si mesmo, mantém o estado da carência dolorosa e das ilusões atormentadoras.

Ficar de bem com a vida. Bela proposta! Há muitos religiosos sonhando com isso. Para alguns, até parece uma incoerência, afinal adoram sofrer, pois eles acreditam loucamente em carmas e provações. Eis aí um problema de comportamento da comunidade espírita que deveria ser um exemplo de bem-estar e alegria com a vida.

Infelizmente alguns entendem que ser espírita é negar a vida material e viver a espiritual. Esses fogem dos prazeres e das coisas boas da vida, quando, em verdade, o que o Espiritismo propõe é uma mudança na relação com o mundo físico e não uma negação dele.

Por conta dessa visão, quem não resolve com equilíbrio sua conduta diante dos valores e experiências da vida carnal acaba desenvolvendo um processo emocional. Os sentimentos, nesse caso, ficam subjugados por um entendimento puritano e por crenças que interferem no discernimento e no uso da inteligência.

A vida emocional fica artificial, distante da realidade de cada um, presa a uma série de eventos psicológicos que adoecem a vida mental, tais como ansiedade, medos, culpas, irritações, melindres, mágoa crônica com tudo que saia dos objetivos pessoais, além de muita dificuldade de se relacionar com pessoas diferentes.

Você quer continuar a ser esse tipo de pessoa com tanta informação doutrinária, cheio de tarefas, infeliz e mal resolvido em suas questões emocionais? Com uma existência pesada e de mal com a vida?

Ouvimos várias alternativas apontadas como solução para esse assunto que, sinceramente, são de arrepiar! Eis algumas delas: "isso acontece porque não se estuda Kardec", "isso é obsessão espiritual, a solução é o trabalho de amor ao próximo", "um tratamento espiritual vai resolver essa dificuldade", "ore mais e tenha mais paciência e fé".

Tais orientações são boas, todavia, quando formuladas às pessoas que carregam essa negação de viver a vida terrena com equilíbrio, podem, ao contrário, ser fontes de mais culpa, cobrança e desespero.

A solução para isso é uma educação emocional centrada no Evangelho, na doutrina, na psicoterapia e no autoconhecimento. Encare-se e pare com essas explicações, que até são muito oportunas, desde que acompanhadas de um trabalho pessoal de desenvolvimento e tratamento de suas próprias emoções.

Espíritas bem resolvidos emocionalmente são mais felizes e autênticos.

Quanto mais de bem com a vida estiverem, mais se tornam exemplos vivos de sanidade a contagiar a sociedade para a mensagem renovadora do amor.

Que as reflexões muito oportunas de Pai João de Angola possam constituir um incentivo para que todos busquem uma vida melhor e, sobretudo, estejam de bem com a vida.

Ave Cristo!

Inácio Ferreira.[1]

Belo Horizonte, novembro de 2014.

---

1 Inácio Ferreira de Oliveira (Uberaba, 15 de abril de 1904 – idem, 27 de setembro de 1988). Foi um médico psiquiatra espírita brasileiro. Observou, sem ideias preconcebidas, os diferentes fatos neuropsíquicos relacionados com os enfermos internados no Sanatório Espírita de Uberaba, do qual seria diretor clínico por mais de cinco décadas, tendo verificado a eficácia da terapia espírita para a cura de distúrbios mentais e/ou obsessivos. Nesse trabalho, a médium dona Maria Modesto Cravo (mais conhecida como dona Modesta), o enfermeiro-chefe, Manoel Roberto da Silva, além de outros cooperadores, lhe foram de inestimável valia.

ESTADO DE PERTURBAÇÃO APÓS A MORTE FÍSICA

1

"A alma tem consciência de si mesma imediatamente depois de deixar o corpo?
Imediatamente não é bem o termo. A alma passa algum tempo em estado de perturbação."
"A perturbação que se segue à separação da alma e do corpo é do mesmo grau e da mesma duração para todos os Espíritos?
Não; depende da elevação de cada um. Aquele que já está purificado, se reconhece quase imediatamente, pois que se libertou da matéria antes que cessasse a vida do corpo, enquanto que o homem carnal, aquele cuja consciência ainda não está pura, guarda por muito mais tempo a impressão da matéria."

O livro dos espíritos, questões 163 e 164.

As perguntas de quem ainda está no corpo físico se multiplicam. O anseio humano pelas questões espirituais aumenta. As pessoas querem saber, com mais precisão, o que pode acontecer aqui, na vida dos espíritos, e também durante a sua reencarnação.

Eu vou casar? Por que sinto tanta solidão? Posso receber mensagem de minha mãe desencarnada? Minha dificuldade financeira terá fim? Posso saber quem fui em outra vida? Por qual razão estou sempre em apuros? Macumba pega? Conheci uma pessoa, isso é um reencontro? Posso lembrar o que vim fazer aqui nessa reencarnação? Estou frequentando o lugar certo para minhas necessidades espirituais?

O que faço diante do meu filho cheio de problemas? Para onde irei quando desencarnar? Alcançarei sucesso profissional e material? Quem é meu guia espiritual?

Perguntas que, para muitos, parecem triviais ou sem sentido, mas que traduzem angústias e dores, apelos comoventes e sofridos de muitas pessoas que se encontram na matéria, nos dias atuais.

Foi pensando nessas dores que percebemos a importância de enviar ao mundo físico algo que pudesse ampliar as noções sobre a vida espiritual, trazendo essas anotações para o mais perto possível da realidade dessas pessoas.

Enquanto caminhava, no fim da tarde, pela belíssima avenida Afonso Pena, região central de Belo Horizonte, fazia essas reflexões. Ia em direção à Casa da Piedade, posto avançado de atendimento de urgência, localizado no astral do Parque Municipal Américo Renné Giannetti, que embeleza o coração da capital.

A Casa da Piedade foi fundada aqui no mundo espiritual pelo devotado médico doutor Hugo Werneck,[1] um dos fundadores da Santa Casa de Misericórdia da capital mineira, com grande atuação nos primórdios da ginecologia no Brasil, chamado à época de "médico de senhoras". Sua honradez era tanta que conquistou a confiança de pais e maridos para examinar suas mulheres. Foi um homem piedoso, sensível e desprendido. A Casa da Piedade nasceu na década de 1940, pouco mais de cinco décadas após Belo Horizonte se tornar

---

[1] Hugo Werneck, médico carioca, veio morar em Belo Horizonte, no início do século 20, a fim de se tratar de tuberculose. Foi um dos fundadores da Escola de Medicina, da Santa Casa, dos hospitais Madre Tereza e São Lucas, todos na capital mineira. Curiosamente, não morreu de tuberculose, mas de câncer, aos 57 anos. (NE)

a capital oficial das Minas Gerais. É hoje um enorme centro de atendimento de vastas especialidades e finalidades para encarnados e desencarnados, comparável ao pronto socorro do Hospital João XXIII.

Enquanto caminhava na avenida central, pensando nessas dúvidas de muitos seres no plano físico, saltou-me na mente de forma clara que ilustrar o cotidiano do posto daria noções muito úteis sobre a vida após a morte, e também responderia a dezenas de indagações daqueles que nos pedem socorro e orientação pelas vias da oração sincera e fervorosa.

Poderia volitar até o posto, no entanto, preferia o passo a passo naquele trajeto quase diário, porque me levava a recordar minha última existência carnal, na qual fiz, por várias vezes, o mesmo percurso, olhando a beleza natural do parque e vendo ao longe, no alto da avenida, a conhecida Serra do Curral Del Rei, um monumento da natureza que poderia ser interpretado como uma saudação a Deus.

Cheguei, enfim, ao portal de entrada da Casa da Piedade, bem perto do Teatro Francisco Nunes. Entrei e fui logo recebido e saudado por Carminha, uma colaboradora da casa, que na sua última reencarnação comungou dos preceitos católicos.

Pai João, querido! Já o aguardávamos.

Carminha, filha de Deus, minha benção.

Assim seja, Pai. Hoje estamos com a capacidade completa, novamente.

Ainda nem anoiteceu e já lotou?

— Sim, meu velho. Desde as dezessete horas aumentou a procura. Em época de calor, na capital, a loucura aumenta.

— É, e os miolos fervem, minha filha. O povo enlouquece com a "temperatura aumentada" também nos neurônios.

— Esse horário de verão no mundo físico, Pai João, não é coisa de Deus e me perdoe dizer assim! As pessoas acordam no escuro e quase dormem com a luz do sol. Haja ritmo cerebral para acompanhar tudo isso.

— Como estão as alas de recepção?

— São dezoito horas e não temos mais onde colocar tanta gente. Por onde o senhor vai começar hoje?

— Qual a escala de atendimentos planejados para mais tarde na agenda de Inácio Ferreira?

— Sei que temos casos graves para hoje, mas doutor Inácio sempre prefere verificar as providências na hora. Estão marcados alguns atendimentos para depois das vinte e duas horas.

— Comecemos, então, dando uma palavra de conforto nas alas de observação àqueles casos que já venho acompanhando, até que ele chegue.

— Não se assuste, pois já não temos onde colocar mais gente. Mas, antes do senhor começar, temos alguns casos novos que já escalei no seu plantão. Vamos lá?

— Vamos sim, minha filha.

Deslocamo-nos para uma parte interna do posto, exclusivo para desencarnados em estágio de ajuste ou orientação, onde havia um grande salão de espera com capacidade para duzentas pessoas. Passamos por esse salão e entramos na sala de observação. Era uma enfermaria muito bem dividida com seiscentos leitos, distribuídos em duas filas, nas laterais do ambiente. De um lado ficavam os leitos para os homens, e do outro para as mulheres. Cada leito era separado por biombos acústicos e bem vedados e em cada um deles havia aparelhagem para os primeiros socorros. Era uma enfermaria de urgência, com um movimento muito intenso, cujo propósito era selecionar as necessidades e verificar quais casos sugeriam uma internação mais prolongada. Sem dúvida, um dos locais que mais exigiam atenção e empenho dos médicos, enfermeiros e vigilantes de plantão. Os pacientes que ali chegavam estavam em piores condições e recebiam a primeira assistência diante de suas necessidades e perturbações.

Alguns pacientes passariam ali pouco mais que algumas horas, outros, no entanto, poderiam demandar um exame mais minucioso e tempo mais prolongado para observação.

Especificamente nesse ambiente, além daqueles que já haviam feito a passagem pela morte física, havia também casos de encarnados em desdobramento, por vários motivos.

Comecei pelo leito 11, no qual havia uma mulher em profundo estado de abatimento, desencarnada há menos de doze horas. Esse era um dos casos novos a que Carminha se referiu.

Uma boa noite a você, minha irmã, e que Nosso Senhor Jesus Cristo a ampare.

Boa noite – respondeu com certa dificuldade.

Qual o seu nome? – poderia ter olhado no prontuário pendurado na cama, mas preferia ouvir da própria enferma e aferir seu estado de lucidez.

Hanna, com agá e dois enes. É assim que se escreve. E quem é o senhor?

Sou Pai João.

Pai de quem?

Pai João. Sou conhecido assim por aqui, mas, se preferir, pode me chamar apenas de João.

Pai João, fica bonito assim. Prefiro Pai João, lembra os pretos-velhos.

Eu sou um preto-velho, Hanna.

Muito chique o senhor, para um preto-velho!

Por quê, minha filha?

De branco assim, parece mais um médico.

Sou um colaborador do hospital, um enfermeiro. E como você está se sentindo Hanna?

Com muitas dores, mas não consigo entender por que não tenho pontos no lugar da cirurgia. Desistiram de me operar por alguma razão? Houve alguma complicação? Quando poderei ver o doutor Barbosa, meu médico?

Sabe onde você está, Hanna?

Sim, estou no Hospital Felício Rocho,[2] eu fiz uma cirurgia aqui.

Sua resposta deixava clara sua falta de consciência do desencarne.

---

2 O Hospital Felício Rocho é um hospital particular, inaugurado em 21 de junho de 1942, no plano físico da capital mineira.

Lembra-se em qual cidade você está?

Sim, estou em Belo Horizonte onde faço um tratamento. Estou me recuperando de um tumor que tive no fígado. Eu sou de Cantagalo, Minas Gerais, para onde voltarei dentro de alguns dias.

E dói muito, Hanna?

Sim, na cabeça e no estômago.

Como adquiriu essa doença, minha filha? Tinha algum tipo de vício?

Tinha sim, mas agora não vou mais beber. A bebida acabou com minha vida, meu casamento e minha família. Assim que eu sair daqui, quero procurar meu marido e pedir perdão a ele e também aos meus filhos.

A bebida realmente é uma fuga, minha filha. Eu desejo que você melhore e consiga alcançar seus ideais.

Quero fazer isso antes de morrer, Pai João. Tenho muito medo de morrer e me arrepender do que fiz.

O que você fez, Hanna, que tanto a incomoda?

Eu tenho três filhos: o Januário, o Arlindo e a Conceição. Essa menina... – ela começou a chorar por não suportar alguma lembrança infeliz.

Fique tranquila, Hanna. Seu estado ainda é frágil e, se preferir, não precisa falar.

Eu não aguento falar disso sem chorar, mas preciso falar assim mesmo. Não suporto mais. Parece que meus pensamentos estão fixos nesse assunto.

Deixe o tempo corrigir as dores, Hanna.

— Não posso. Eu precisava de um padre ou alguém para me ouvir. Tenho muito medo de morrer aqui e não poder corrigir o que fiz. Não sei se tenho perdão, Pai João.

— Pode falar comigo, minha filha, ou também com essa aqui ao meu lado, a Carminha. Ela é enfermeira desse hospital e também psicóloga. Vai ouvir você em suas dores.

— Eu já a conheço.

— Sim, nos conhecemos – falou Carminha – e eu disse a ela que traria alguém para que ela pudesse se confessar.

— Eu não sou padre, Hanna, mas sou um preto-velho que trabalha na religião do bem. Pode se confessar comigo e encaminharemos suas dores a Deus que tudo sabe e a todos abençoa e perdoa.

— O senhor trabalha mesmo no hospital?

— Sim, sou servidor dessa casa em nome de Jesus Cristo.

— Jesus? Então o senhor é dos meus. Eu preciso falar, porque chego a pensar que minha dor, nesse momento, é por causa da culpa que sinto. Não sei se isso é possível, mas...

— Pode ser mesmo, filha!

— Fui uma adúltera. Conceição não é filha do meu marido. Fiz um exame de DNA quando ela ainda era bebê. Ela é filha de Raul, um amante que tive por quinze anos, até que um acidente de carro, há exatos sete meses, o levou embora dessa Terra. Se minha vida já era um inferno por conta da culpa que sinto, agora, além da culpa, me sinto sozinha no mundo. Sou uma infeliz, vocês entendem? Meu marido, depois de poucos meses de casamento, já não mostrava interesse por mim. São dezoito anos de uma vida morna e sem sentido. Raul era minha única gota de razão para continuar vivendo. Os meus filhos... Não sei se vou aguentar falar...

Ela soluçava de tanto chorar, como uma criança.

Pode chorar, filha. Chore, lave sua alma.

É duro, Pai João! Eu sinto que meus filhos não me amam. Só Raul me amava e era a minha razão de viver, o senhor entende?

Claro que sim, minha filha. Entendemos, não é Carminha?

E como entendemos Hanna! Isso acontece com muitas pessoas. Todos nós estamos sujeitos a essas dificuldades.

Obrigada por me entenderem. Jamais imaginei que aqui, no Hospital Felício Rocho, existissem pessoas tão carinhosas assim. Já ouvi boas referências do hospital, mas não o conhecia. Obrigada por me ouvirem. Apesar de ter falado tão pouco da dor de minha alma, já me sinto melhor.

É isso mesmo, Hanna! Falar e chorar alivia, com certeza – falou Pai João com todo carinho.

Ninguém na família sabe de nada. Conceição é criada como filha de meu marido. Eu a amo e a detesto, ao mesmo tempo. É um conflito íntimo tão grande que parece envenenar toda minha vida com relação às outras pessoas.

Fui uma mulher muito carente a vida inteira. Não será exagero me chamar de mendiga do amor. Hoje, com quase cinquenta anos, começo a me arrepender de muitas coisas e não sei o que fazer. Agora, para piorar, vem essa doença.

Eu me lembro que quando recebi a notícia da morte de Raul, minha vida acabou. Imediatamente passei a sentir essa dor na barriga como se algo me corroesse por dentro.

Eu fui ao enterro dele escondido de todos, pois ninguém o conhecia em minha família. Durante o velório eu passei mal e fui levada às pressas para o pronto-socorro. Fui sedada e, quando acordei, já estava na minha casa, cercada pelos filhos e marido.

Ao acordar, pronunciei o nome de Raul em voz alta. Todos ficaram curiosos em saber quem era esse Raul e por que eu estava naquele enterro sem ter dito nada a ninguém. A partir daí minha mente se desestruturou. Entrei em depressão e tomo seis medicações atualmente. Acho que esse é um resumo da tragédia.

Não é tragédia, minha filha, é a sua história, e cada um tem a sua.

Preciso confessar tudo aos meus familiares, ou vou enlouquecer de vez. Esse é um segredo que não quero levar para o túmulo. Preciso do perdão deles.

Compreendo, Hanna. Você terá oportunidade.

Quando poderei ver minha família?

Brevemente. Você precisa estar em melhores condições. Como se sente agora?

— Por incrível que pareça sinto-me aliviada, muito aliviada, e a dor passou.

— Que ótimo! É sempre assim, minha filha. Quando nos abrimos para a vida, a vida nos responde com bênçãos, imediatamente.

— Eu frequentei centros espíritas, mas não sei se acredito na vida depois da morte. Acho essa ideia ainda muito confusa. Será que o senhor pode me explicar um pouco sobre isso?

— Farei isso, Hanna, mas em outro momento mais oportuno. Por agora preciso ver outros pacientes e espero que fique em paz.

— O senhor voltará a me ver? Eu adoraria.

— É bem possível que isso aconteça, Hanna. Fique com Deus!

— O senhor também vá com Ele.

Ao sair do biombo de Hanna, Carminha exclamou.

— É muita necessidade junta em um só espírito!

— Ela nem desconfia do desencarne. Tem que haver um preparo cuidadoso para que ela o saiba. Sugiro transferi-la logo para a internação. Vamos acompanhar o caso antes que ela perceba que desencarnou ouvindo alguma conversa por aqui.

Embora os biombos guardem certo isolamento, é comum acontecer de um ou outro paciente fazer um escândalo ao saber que morreu. É uma ala muito imprevisível e os acontecimentos poderiam agravar o tratamento dela.

— O senhor gostaria de acompanhar esse caso?

É mais a especialidade de Inácio, não acha?

Doutor Inácio me disse que se mandarmos mais alguém para ele, vamos precisar interná-lo também.

Inácio e seu humor!

Têm aumentado muito os casos de doenças relacionadas com tumor, culpa e traição. Por que o senhor a colocaria na especialidade de doutor Inácio?

A doença dela, em verdade, não é culpa, nem traição e muito menos o tumor.

E qual é, então?

Carência. Doença emocional e psíquica.

Sim, tem razão. Eu ainda não me acostumei a essa natureza de diagnóstico com base nas doenças da alma. Ainda me porto como se estivesse no plano físico.

E não está? (risos)

Tem razão mais uma vez. A Casa da Piedade se confunde com Belo Horizonte. Estamos todos mais perto do mundo físico que imaginamos.

Envie Hanna ao Inácio e peça que ele a atenda. Se ele não puder seguir com o caso, aí eu acompanho.

Combinado, Pai João.

A propósito, verifique no prontuário dela quem a trouxe para cá.

Aqui diz que Hanna frequentava o Centro Espírita Luz e Paz, no bairro Santo Antônio, e que equipes espirituais da casa a acompanharam nos últimos momentos e a trouxeram para cá até tomarmos outras providências. Ela esteve nesse centro por apenas algumas semanas, mas foi muito assistida em sua dor pelos amorosos condutores da casa.

Deixaram indicação de algum laço afetivo dela aqui no mundo espiritual?

Sim, tem o Raul e uma tia chamada Glorinha.

Essa tia tem vindo visitá-la?

Já esteve aqui, rapidamente. É uma pessoa muito comprometida com a igreja católica, uma mulher do bem e muito fervorosa.

Faça contato com ela. Vamos precisar da colaboração dessa tia.

O senhor vai solicitar que ela conte o que aconteceu?

O estado de perturbação de Hanna está muito pequeno. Sua noção de realidade vai precisar de uma informação rápida. Seus sentimentos e pensamentos estão bem ordenados, embora sua localização espacial esteja completamente distorcida. A estrutura interna da paciente suportará a notícia do desencarne com menos dor e desajuste se for comunicada por um elo afetivo de seu coração, já aqui no mundo dos espíritos. Ainda assim, você sabe, podemos ter muitas surpresas com sua reação.

O senhor tem razão. Mas, fico aqui pensando com meus neurônios...

O que seus neurônios estão dizendo, Carminha? (risos)

Que, apesar de ela dizer que não acredita na vida depois da morte, parece-me muito mais harmonizada do que o outro caso que vou lhe apresentar agora. Um caso de quem se dedicou muito à religião espírita.

Outro dos casos novos?

Sim. Na verdade são dois casos, ambos espíritas e requerem mais cuidados.

Vamos andar um pouco mais?

Vamos sim, pai. Preciso muito de sua orientação nesses dois casos.

2
CARÊNCIA AFETIVA, UMA DOENÇA EMOCIONAL MILENAR

> "O conhecimento do Espiritismo exerce alguma influência sobre a duração, mais ou menos longa, da perturbação? Influência muito grande, por isso que o Espírito já, antecipadamente, compreendia a sua situação. Mas, a prática do bem e a consciência pura são o que maior influência exercem."
>
> O livro dos espíritos, questão 165.

Paramos no leito 18 onde estava Hilda, que chegou há dois dias após tentativa de suicídio. Seu corpo físico estava internado no pronto-socorro do Hospital João XXIII, onde dois médicos da nossa equipe mantinham plantão contínuo para as providências necessárias de ajuste no corpo perispiritual da jovem mulher. Sua situação era crítica, mas eles fariam de tudo para tentar salvá-la. Examinamos o seu estado mental e percebemos que sua mente estava fixa nos pensamentos de dor que a levaram a cometer aquela loucura.

Aproximei minha percepção mental para uma investigação dos pensamentos de Hilda e pude auscultar claramente:

"O que adianta viver cercada de gente e ser tão sozinha? Se existe vida do outro lado, prefiro então acabar com tudo que diz respeito a essa vida aqui. Não suporto mais ser tão infeliz e sentir essa amarga falta de alegria em viver. Não quero mais tomar remédios para ficar bem, nem batalhar tanto para ter dinheiro e muito menos me manter nessa agitação política. Tudo é uma mentira, uma ilusão. Essa faca – falou olhando o instrumento que comprou para se matar – há de ser minha saída. Vou parar meu coração e assim esperar uma vida nova. Ninguém me ama aqui na vida física, então não tenho por que viver. Se existe mesmo vida do outro lado, não deve ser pior que esta aqui."

Ela repetia várias vezes as mesmas palavras e se apunhalava ao final, recomeçando a mesma cena, sem parar.

Seu corpo perispiritual estava grudado ao corpo físico em completa inconsciência. Era o coma induzido. Aqui, na ala de observação, diante dos nossos olhos, estava seu corpo mental inferior em completo estado de monoideísmo, uma fixação mental no momento do desencarne.

Em um período de apenas vinte e quatro horas Hilda parecia ter envelhecido cinquenta anos no corpo mental inferior, que se deteriorava rapidamente a caminho de uma perda imprevisível. Embora tivesse menos de trinta anos no corpo físico, aparentava aqui algo em torno de 75 a 80 anos. Quem a visse no pronto-socorro espiritual não diria ser a mesma pessoa.

Não tínhamos muitas esperanças de evitar seu desencarne mas, sim, de protegê-la das garras dos vampiros que espreitavam seus passos. Para atualizar informações, indaguei à Carminha:

E como estão os vampirizadores que queriam posse sobre ela?

Até ontem à noite, mantinham-se na porta da Casa da Piedade causando muito tumulto. Jogaram pedras e tiveram de ser intimidados por armas de higienização.

Enquanto não foram ativadas as baterias lança-chamas na extensão do saguão de entrada, não deram sossego. Nossa equipe de defesa teve muito serviço. Havia muito interesse pessoal cercando a vida de Hilda por causa de sua influência política. Sobre ela pesavam muitas responsabilidades e o assédio que sofreu foi por conta de interesses mesquinhos dessas entidades e de seus representantes no mundo físico. Como ela não cedeu à corrupção, padeceu essa perseguição injusta e cruel que lhe tirou os últimos motivos para manter-se na vida física.

— É uma boa mulher, porém, estava mal acompanhada e desorientada. É muito difícil manter sobriedade nesse meio de interesses coletivos.

— É lamentável que tenha optado pelo suicídio. Pelo estado de seu corpo mental inferior, os nossos médicos espirituais já sugeriram o desligamento breve do corpo físico e a internação dela em alas de maior segurança e mais protegidas da ação vibratória de ambientes coletivos. Ela está muito frágil.

— Já foi verificado se há alguma vaga em hospitais especializados para o caso?

— Sim, já está tudo providenciado.

— Glória a Deus! São raros os casos de suicídio que terminam assim. Geralmente, não escapam de muita dor e muita tormenta.

— Disse bem, Pai João, Glória a Deus! Nas minhas atividades espirituais sempre me perguntam sobre essa forma infeliz de acabar com a vida física e eu deixo sempre bem claro que as chances de dor e tormenta são muito amplas. O suicídio não acaba com a vida, acaba apenas com o corpo.

Isso mesmo, Carminha. Suicídio não é solução para problema algum e, além de não resolver os problemas já existentes, passa a ter mais um, dos mais graves, aliás.

Hilda tinha conhecimento do Espiritismo, no entanto... – a enfermeira não terminou a frase, esperando que eu a completasse.

No entanto, não soube o que fazer com esse tesouro para ter uma vida digna e em paz. Cérebro iluminado pelo saber doutrinário e coração atormentado. Muita instrução e escassa educação emocional no amor.

Como dizem os sábios guias espirituais, o conhecimento espírita após a morte exerce muita influência, pois o espírito compreende a sua real situação após o desencarne. O conhecimento é um tesouro, principalmente quando usado para pavimentar a estrada da prática do bem e da consciência pura que, na verdade, exercem influência ainda maior.

Afora isso, é dar mais razões à mente para cobranças e perturbações quando a vida intelectual fica congestionada de orientações, sem ser acompanhada pelo desenvolvimento da paz na consciência.

Conhecimento sem consciência reta é nutrição que vai causar obesidade e indigestão. Algo muito parecido como comer demais e ter uma vida sedentária.

Outra vez a carência! Acompanhei a ficha de Hilda com detalhes e a história dela está também dentro da doença que mencionamos. Novamente a sensação de abandono e de escassez afetiva desnorteou os planos de um espírito rico de valores. Hilda era uma espírita atuante e servidora de valor nas frentes do serviço social, até que se envolveu com Manoel, um político renomado, bonito e rico, mas leviano, que feriu seu coração e destroçou suas esperanças, jogando-a em profunda tristeza e baixa autoestima. Mais um caso de desrespeito aos anseios afetivos.

E de ausência de autoamor.

Sem dúvida! Afinal, Pai João, como considerar a carência afetiva?

Ela é um efeito do egoísmo na nossa trajetória evolutiva ao longo de várias reencarnações. A mente criou o hábito de focar em si, vivendo um exagerado sentimento de ilusória autossuficiência, adotando o desprezo, a rejeição e a desconsideração ao valor e ao afeto alheio.

Essa postura é o alicerce mental dos padrões de comportamento que hoje estão regendo a forma de ser e sentir de grande parte da nossa humanidade, amordaçando o coração em espessas camadas de forças que reduzem a sensibilidade de sentir as emanações do amor legítimo em sua vida.

O carente é alguém que sente um vazio afetivo, como se tivesse um "buraco no peito", e procura preenchê-lo com o afeto e a presença de alguém, gerando a dependência e a submissão, intensificando a sensação de desvalor e estima pessoal. Com uma baixa autoestima, singelas manifestações de atenção e carinho alheios são interpretadas como propostas de amor às quais ele se rende sem resistência.

Sua maior dor é sentir que não tem a si próprio e, por esse motivo, consome-se em exigir o amor dos outros, sinal de sua profunda imaturidade emocional que, ao contrário da carência, permite que a pessoa se alimente com o amor que dá ao outro, pois, quem assim procede, antes de tudo, consegue dar amor a si mesmo.

Maturidade emocional! Fiz um curso sobre esse assunto em minhas formações e esse é mesmo o tema do momento. Na sua avaliação, quais seriam os pilares dessa maturidade?

Acredito em três pilares: a autonomia, a competência e os bons relacionamentos.

A autonomia é o sentimento de quem desenvolve a capacidade de gerir suas escolhas e o rumo de sua própria vida.

A competência é uma autopercepção de sua capacidade de realização e criação.

Os relacionamentos sadios e duradouros são aqueles que ampliam a sensação de acolhimento e importância pessoal, enriquecendo a afetividade.

Em resumo, quem sabe administrar o que acontece com seus sentimentos, amadurece emocionalmente.

Muito oportunos os seus conceitos, Pai João.

Mal terminei de responder, um assistente chegou até nós com muita pressa.

Pai João, que bom encontrá-lo! Ai, desculpe a correria!

O que houve, meu filho?

Laerte.

Quem é Laerte?

Pai João – interferiu Carminha –, é o outro caso novo que lhe falei.

O espírita do leito 44?

Sim, é ele mesmo.

Então não é um caso novo. Toda noite seu espírito deixa o corpo físico e vem para cá desdobrado.

Mas ele desencarnou há poucas horas – informou Carminha.

Mesmo?

E ele acabou de acordar, Carminha – disse o assistente assustado – e quer falar com você urgentemente.

Continua alterado?

Bastante, e parece que não melhorou nada em relação ao estado em que estava ontem, antes de desencarnar.

O senhor pode vir comigo, Pai João?

Claro, minha filha. Vamos lá.

Dirigimo-nos para o leito 44. Ao chegarmos, vimos uma agitação no lugar. Havia três enfermeiros que se mostravam atordoados pelo destrato que o paciente lhes endereçava.

Cheguei muito serenamente ao lado dele e vi que o quadro não era simples. Ele estava com correias nos pulsos e nos pés, literalmente algemado ao leito por causa do estado de agitação.

Olhei para Laerte com piedade e ele acompanhou meu olhar com desprezo, logo dizendo:

É você quem manda aqui?

Louvado seja Nosso Senhor Jesus Cristo, meu filho.

— Pelo visto é você que manda por aqui, não é? Eu estou me lembrando vagamente de você.

— Não, meu filho, eu não mando aqui, sou um operário. Mas você tem razão, já nos conhecemos.

— Que tipo de operário ordena aprisionar um enfermo. Foi você, não foi?

— Que bom que você se reconhece como enfermo, Laerte.

— Acaso sou um criminoso para ficar assim preso ao leito?

— De forma alguma. Isso só é feito quando há muito descontrole do paciente. Para o seu próprio bem e segurança de todos vamos mantê-lo assim por agora.

— Vai mandar tirar essas correias ou terei que tomar outras providências?

— Que providências você tomaria nas condições em que se encontra, meu filho?

— Ainda não sei, mas eu sempre tenho um jeito, não duvide!

— De forma alguma. Conheço bem suas histórias e já tive oportunidade de ver de perto a sua persistência. Você, quando quer algo, não desiste.

— Conhece-me de onde? Essa fala é lenga-lenga sua! Se você não me soltar daqui... Exijo falar com um superior.

— Do jeito que está emocionalmente, não vamos soltá-lo agora. E quanto mais nos desrespeitar, mais motivos teremos para mantê-lo assim. Queira você ou não, está sob nossos cuidados nesta casa.

— Só quero saber se estou nas câmaras de regeneração. Que casa é essa?

Nas câmaras de regeneração de onde?

De Nosso Lar,[1] é claro, a colônia de André Luiz.

Você está nas câmaras sim, mas não em Nosso Lar.

Como não?

Você já tem leito cativo por aqui, Laerte. Já tem até apelido, se quer saber!

Não brinque comigo, seu velhote.

Você é conhecido como "o paciente do 44". No mínimo, uma ou duas vezes por semana o recebemos aqui para sedá-lo.

Sedar-me?

Seu humor é conhecido não só entre os encarnados, mas por aqui também.

Meu humor? Vou ter que escutar isso aqui no mundo dos espíritos também? Não basta os familiares acomodados, agora são vocês? Aliás, deve haver mesmo algo muito errado acontecendo por aqui. Será que isso é um sonho?

Por que um sonho? Você não sabe que desencarnou?

Claro que se estivesse desencarnado eu saberia! Sou muito esclarecido espiritualmente. Digo que sonho porque não tem sentido estar ainda com toda essa irritação, estando desencarnado. Acho que logo eu vou acordar no corpo. Eu não posso estar desencarnado estando do mesmo jeito que estava quando reencarnado.

---

[1] Cidade do plano espiritual apresentada por André Luiz, pela psicografia de Chico Xavier, na obra *Nosso lar*, Editora FEB.

Do mesmo jeito?

Sim, com esse humor estúpido.

Admite, então, seu mau humor?

Admito que tenha uma obsessão que me leva a ter esse temperamento.

Entendi. É o que todos de sua convivência já não aceitam mais em você.

Eu vou levar a prova até o fim da vida, vou suportar essa crueldade que fazem comigo de cabeça erguida e não vou me abater. Quero acertar minhas dívidas e ter um desencarne em paz. Se eu estivesse mesmo desencarnado já estaria livre disso. Isso é um sonho. Quero voltar, quero voltar!

Meu filho, eu gostaria de lhe brindar com a esperança, todavia, você está precisando muito da realidade. Você já desencarnou faz exatamente setenta horas. Já enterraram seu corpo e esse é você, sem obsessão, sem carma, simplesmente você. Você e suas imperfeições, tendo de ser contido, sedado e...

Mentiroso! Quem é você para afirmar isso? – gritou.

Eu peço que você respeite o nosso ambiente. Temos muita dor à nossa volta.

Acaso você manda em mim?

Temporariamente, sim. Você está sob os cuidados de nossa casa de amor. O fato de ser um operário não me tira a responsabilidade de contê-lo pelo bem do ambiente. Aqui é uma casa de socorro e você é um enfermo em péssimas condições de saúde. Respeite-nos! – falei com mais ênfase na voz.

Que casa de socorro? Quem é você com essa roupa? Um médico ou um pai de santo?

Eu sou Pai João.

Um preto-velho da umbanda?

Sou simplesmente Pai João, Laerte. Um servidor dessa casa.

Pai João! – disse com uma terrível vibração de desprezo.

Sim, Pai João. Para orientá-lo e ampará-lo. Você está muito confuso, o que até certo ponto é natural após a morte.

Após a morte? Você vai mesmo insistir nisso? E que lugar é esse? Por que estou aqui? Que lugar é esse? Vamos, me responda.

A Casa da Piedade.

Esperava ir para Nosso Lar quando desencarnasse. Por qual motivo fui trazido para cá?

Aqui também é um lar no plano espiritual.

Pelo jeito você não sabe do que estou falando. Nosso Lar é uma colônia espiritual. Aquela onde o André Luiz vive.

Foi aqui que você buscou ajuda durante toda a sua vida de espírita, Laerte.

Como eu não me lembro disso? Prove então!

A lembrança ficou abafada pelo cérebro, mantida no seu inconsciente. Na verdade, você já faz tratamento nessa casa há muitos anos e, pelo visto, vai continuar esse tratamento.

Tratamento para quê?

Do que você morreu?

Eu tinha câncer nos ossos, mas não morri. Isso é um sonho, já disse.

Que doença você acha que precisa tratar na alma, já que perdeu o corpo com tão dolorosa prova?

Eu sou espírita há muitos anos e já venho cuidando da minha alma. Estive no trabalho social e fundei vários centros espíritas. Não estou entendo a sua colocação. Como pode um homem dedicado como eu desencarnar e ainda ter que pensar em doença da alma? E tem mais, se tivesse mesmo passado para a vida espiritual, eu saberia.

Você disse bem. Você é muito dedicado, mas isso não livrou você das garras de sua principal imperfeição, de sua principal doença.

Qual?

Você teve muitos afetos, pessoas próximas?

Sim, por que essa pergunta?

O que eles diziam sobre você?

Bobagens e mentiras. Nenhum deles teve a coragem de encarar os desafios doutrinários que eu encarei. Nunca considerei as pessoas mais próximas. Eles não queriam nada com as questões espirituais, portanto, não tinham moral para me corrigir.

Mas talvez todos tenham razão no que pensavam a seu respeito. O que eles diziam?

Diziam que sou muito orgulhoso e mal-humorado.

Pois então, Laerte!

Pois então o quê?

Bom, meu filho, vamos nos falar outra hora. Agora você está muito irritado e sem controle. Vai ser assim durante alguns dias e nós não temos como diminuir os efeitos de sua vida mental a não ser com sedativo.

Eu não quero mais tranquilizante. Quero que me soltem imediatamente, me libertem desse sonho maldito.

O que faria se lhe soltássemos?

Não sei como, mas vou procurar o caminho para Nosso Lar.

Você não tem mais escolha, Laerte.

Então vai me manter preso?

Por enquanto, sim, e sedado também.

Após minha fala, Laerte se agitou por completo e não tivemos alternativa a não ser sedá-lo novamente. Teríamos que aguardar alguma melhora de sua parte para tomarmos outras providências. Assim que adormeceu, os enfermeiros e Carminha me olharam como se esperassem minhas orientações.

Mantenha-o sob vigilância ativa. Monitorem suas reações instintivas no períspirito e não permitam a separação de corpos. Ele está tão revoltado que, mesmo tendo o seu corpo perispiritual sedado, ainda pode tentar desdobrar-se com o corpo mental inferior.

Pai João – indagou Carminha curiosa –, que doença da alma é essa de Laerte? Que homem cheio de topete, perdoe-me a palavra!

Câncer ósseo é doença nas estruturas, minha filha. As estruturas emocionais de um ser humano são as chamadas emoções primárias. Laerte é um homem de temperamento irado, sustenta muito a raiva, uma das emoções básicas.

Há carência aqui também?

Com certeza, minha filha. A raiva acentuada, aliás, formou um quadro de distimia em Laerte, alimentando um mau humor crônico. A pessoa com muita raiva é alguém que não se sente amado e valorizado. Há também um processo de carência administrada pela revolta, decorrente da milenar doença do egoísmo. Uma mente muito focada em si mesmo, centrada em seus interesses e gostos pessoais tem como um dos caminhos reacionários esse estado crônico de ira, uma forma de reagir a tudo que lhe contraria e fere seus interesses mais profundos. A raiva enlouquece o pensamento com ideias de perseguição, inimizade, incompreensão e rivalidade, criando um estado emocional contínuo de defesa no campo dos sentimentos, gerando muita ansiedade e inquietude.

Pai João, o senhor já deve saber o que estou pensando.

Sim, eu sei. A resposta é a seguinte, Carminha: não tenho nenhuma dúvida de que o caso de Hanna, Hilda e Laerte são mesmo para Inácio Ferreira.

Assinei os prontuários dos três, destinando-os ao tratamento com o doutor Inácio e autorizei a remoção imediata deles para a ala dos quartos, sob a coordenação do médico uberabense.

Todos os três pacientes estavam vinculados ao Espiritismo, em maior ou menor escala, e com o mesmo quadro de carência afetiva com componentes de desajustes psíquicos.

Fomos acompanhar mais alguns casos e já nos aproximávamos das vinte horas. Todas as noites, nesse horário, na porta de entrada da Casa da Piedade, era distribuída uma sopa nutritiva aos transeuntes e para as pessoas envolvidas com o ambiente de socorro ao longo do dia. Pelo menos 300 pessoas desencarnadas recebiam a sopa. Com essa medida, já de praxe, todos já sabiam que, em seguida, seriam fechados os portões de acesso ao posto de socorro por medidas de segurança e precaução contra arruaceiros e oportunistas. Sendo assim, a sopa tinha também um significado de encerramento dos trabalhos do dia e, logo após a distribuição, todos se dispersavam.

Na parte interna, onde também era servida farta alimentação, ouvia-se uma música serena em todos os ambientes, pontualmente às vinte horas, com o objetivo de preparar os servidores e pacientes para uma oração coletiva realizada às vinte e uma horas. Eram normas diárias estabelecidas na Casa da Piedade para segurança, bem-estar e recuperação dos internos.

Acompanhado por Carminha e outros enfermeiros amigos, fomos juntos ao Templo São Judas Tadeu, erguido nas dependências do posto. Sentimos a necessidade da oração conjunta e de um momento de meditação para a continuidade dos trabalhos que ainda iriam varar a noite.

Em minha meditação, pensava no ensino dado pelo Senhor Jesus, contido no belíssimo Evangelho de Mateus, capítulo 7, versículo 21: "Nem todo o que me diz: Senhor, Senhor! entrará no reino dos céus, mas aquele que faz a vontade de meu Pai, que está nos céus."

Hanna, Hilda e Laerte passavam dali por diante a ser nossa nova família pelos laços do amor. Eram espíritos carentes e sofridos que não souberam como preencher-se do amor eterno. Não souberam como extrair das fontes da bondade celeste o alimento do autoamor que tentaram substituir pelo conhecimento religioso. Três espíritas com experiências que assinalam o estágio da infância espiritual em que nos encontramos no amorável planeta Terra.

Em oração, pedia luz para seus espíritos, a fim de que o conhecimento e a informação que possuíam pudessem ser aquecidos pelo calor dos sentimentos nobres. Quanto antes eles despertassem, melhor seria para resgatar a paz e a saúde que perderam.

Qual de nós não poderia ocupar um leito como o deles em idênticas condições espirituais?

Repetimos o nome do Senhor há milênios sem senti-Lo na acústica da alma. Adornamo-nos de títulos e trabalhos doutrinários esperando salvação e grandeza espiritual, enquanto Jesus, com Suas lições imorredouras, é um Mestre das atitudes renovadas.

Ao resumirmos nesses três casos as nossas anotações, não nos foi possível retratar com fidelidade a extensão das dores humanas e da bondade celeste na Casa da Piedade. Eram 600 leitos, somente ali no saguão de observação, fora os vários outros andares em uma casa de Deus erguida pelo amor do doutor Hugo Werneck, um cristão e um homem que louvou a vida, o amor e a solidariedade.

MACUMBA PEGA?

> "Que se deve pensar da crença no poder que certas pessoas teriam de enfeitiçar?
> Algumas pessoas dispõem de grande força magnética, de que podem fazer mau uso, se maus forem seus próprios Espíritos, caso em que possível se torna serem secundados por outros Espíritos maus. Não creias, porém, num pretenso poder mágico, que só existe na imaginação de criaturas supersticiosas, ignorantes das verdadeiras leis da Natureza. Os fatos que citam, como prova da existência desse poder, são fatos naturais, mal observados e, sobretudo, mal compreendidos."
>
> O livro dos espíritos, questão 552.

Após a prece coletiva, realizada às vinte e uma horas, começou um novo movimento no posto.

Chegavam novos plantonistas desencarnados e médiuns desdobrados pelo sono que fariam doações de ectoplasma ou colaborariam com transfusões energéticas.

Acompanhado por Carminha e mais dois enfermeiros, subimos para o andar onde doutor Inácio era aguardado a qualquer momento para o plantão noturno.

O ambiente astral era outro, bem mais moderado. Eram internos que ficariam ali por pouco tempo em tratamento, embora existissem os casos de permanência mais prolongada. Paramos em uma extensa enfermaria onde se reuniam vários médicos e colaboradores que examinavam as radiografias digitais, exames e imagens computadorizados, traçando planos de ação para cirurgias e rotinas médicas importantes.

A vida continua! Quem imaginar o plano dos espíritos muito distante da realidade carnal pode chegar a se assustar com tamanha similaridade.

Já passava das vinte e duas horas. Conversava calmamente com Carminha, quando ouvimos alguém se aproximar rindo alto e contando algo muito engraçado. Olhei no corredor e não podia ser outra pessoa. Era o querido doutor Inácio, acompanhado pelo médium Antonino, do Grupo X, em desdobramento pelo sono físico. Ao chegar, nos saudou.

Salve, salve a todos que estão com os dias contados!

Dias contados, doutor Inácio? – indagou Carminha, não entendendo a brincadeira.

Sim, Carminha – respondeu ele muito alegre –, contados um atrás do outro! (risos)

Ah! Doutor Inácio. Só o senhor mesmo!

Acaso temos algum serviço a fazer essa noite?

Acaso, doutor Inácio? Serviço para muitas noites. E vou aproveitar a presença do Pai João e lhe dizer: temos mais três espíritas para o senhor cuidar.

Virei agora o médico dos espíritas, meu Deus! Para que fui dar notícias ao mundo físico de que ainda estou atuando junto aos espíritas! Agora não me dão sossego. Ave Maria!

Todos três são recém-desencarnados, doutor. Depois vamos ver os detalhes de cada caso. Pai João já os avaliou e... – doutor Inácio nem deixou Carminha terminar e disse:

Como Pai João me ama, não é, Pai João? (risos)

Muito, doutor, muito!

Apesar dos casos novos e dos antigos, já está tudo planejado essa noite para começarmos por Irene, como o senhor pediu ontem – orientou Carminha.

Ótimo! Já vim acompanhado do médium Antonino prevendo que poderíamos atuar no caso a partir desta noite. Houve algo de novo?

Sim, doutor, infelizmente. Vou aproveitar para fazer um resumo para todos vocês.

Faça, quero muito saber o que é esse seu "infelizmente"!

Carminha relatou o caso para conhecimento de todos que ali iriam compor a equipe de serviços junto com doutor Inácio naquela noite.

Irene é mãe de dois filhos, mulher atuante no ramo empresarial e vai receber nossa ajuda a pedido de sua mãe desencarnada, dona Marília, espírita e muito amiga de doutor Inácio.

Ela está muito infeliz no casamento e como tudo conspira na vida conforme as energias que emitimos, uma colega de Irene, sua funcionária, está se aproximando dela com interesses afetivos.

Ela é uma mulher forte e muito decidida, entretanto, esse assunto a desestruturou por completo. É daqueles testes da vida que colocam a consciência em reparação e ajuste.

Jamais imaginou viver uma confusão íntima como aquela. Estar atraída por outra mulher, definitivamente, não era mais seu objetivo na vida, conquanto já tivesse vivido muitas experiências do gênero. Embora com pouco mais de quarenta anos, aparenta a idade de trinta. Muito alegre, é daquelas mulheres que causam muita influência e despertam inveja nas outras. Despertou o amor e a atenção de Júlia de forma fulminante, irresistível.

Hoje, doutor Inácio, depois dos muitos apelos diretos e indiretos de Júlia, as duas declararam amor recíproco e trocaram seu primeiro beijo no estacionamento da empresa, dentro do carro de Irene. Por isso, minha expressão "infelizmente".

Qual o problema em dar um beijo?

Após o beijo, apesar de se sentir afetivamente tocada, ela literalmente perdeu o eixo do equilíbrio mental. Despediu-se às pressas de Júlia, pegou o carro em alta velocidade e, do nada, depois de dirigir uns quinze minutos sem noção de onde ir, parou o carro no meio de uma movimentada avenida de Belo Horizonte, e ficou lá dentro, totalmente imobilizada. A polícia chegou e percebeu que se tratava de um caso de enfermidade.

Ela estava muda, com os olhos esbugalhados e vomitando. Nada respondeu aos policiais e entrou em crise, com gritos e pedidos de socorro, causando o maior alvoroço.

Foi retirada cuidadosamente do veículo pelos policiais que constataram um caso de perturbação e problemas orgânicos. Levada ao Hospital João XXIII, foi sedada e encaminhada para observação. O quadro avaliado por psiquiatras foi considerado grave.

Depois da confusão causada no trânsito, seu carro foi rebocado, sua família avisada e foram todos para o hospital.

Irene estava irreconhecível e seus pensamentos confusos, falando apenas coisas sem nexo. Perguntam a ela sobre o que aconteceu e ela não responde.

Cindiu? – perguntou doutor Inácio.

Quase isso, doutor. Não podemos afirmar ainda que seja um quadro de dissociação,[1] mas não está com a cabeça no lugar. Ela está fora da realidade momentaneamente.

Está ainda no Hospital João XXIII?

Está sim, e poderá ser transferida a qualquer momento para um hospital psiquiátrico.

Podemos visitá-la agora?

Já tomei todas as providências, doutor, e, em verdade, já estão nos aguardando.

Sem perda de tempo, rumamos todos para o pronto-socorro. Como já era muito conhecido naquele local, doutor Inácio passou pela entrada sem nenhuma restrição, conquanto o sistema de vigilância e defesa do Hospital João XXIII, no plano espiritual, seja um dos melhores dentre os hospitais da capital.

Acompanhando-nos, além do doutor Inácio, estavam Carminha, o médium Antonino e mais dois enfermeiros.

---

[1] Dissociação é um estado agudo de descompensação mental, no qual certos pensamentos, emoções, sensações e/ou memórias são ocultados, por serem muito chocantes para a mente consciente integrar.

Ao chegarmos ao leito de Irene, a encontramos desacordada no corpo físico e em pé ao lado da cama, acompanhada e vigiada por sua mãe, dona Marília, que havia pedido socorro ao doutor Inácio. A mãe nos cumprimentou, mas Irene não conseguiu perceber nossa presença, por ter a mente presa em recordações repetidas.

De sua cabeça, na altura da nuca, saíam duas delicadas cordas, vistas facilmente por toda a nossa equipe, por conta da coloração amarela muito intensa.

Doutor Inácio olhou aqueles cordões e disse:

Preciso saber aonde vai isso!

Mais preocupado com aquilo do que com a própria paciente, ele saiu andando apressado, em profunda concentração e transe, como se conseguisse ouvir algo naqueles cordões.

Seguimos o médico e andamos até o pátio do lado de fora do hospital, na avenida Alfredo Balena, que dava entrada, no plano físico, para as dependências do pronto-socorro.

Olhamos os cordões que terminavam na cabeça de dois homens desencarnados que estavam do outro lado da rua.

Quando perceberam que nos dirigíamos para eles, tentaram se esconder atrás de uma árvore. Doutor Inácio apressou o passo e eles tentaram correr, dizendo:

Vamos vazar daqui, rápido.

Esperem – gritou doutor Inácio.

Não adiantou. Correram dali rapidamente. Porém, vigilantes atentos que estavam observando a cena perguntaram ao doutor se queria que os pegassem. Após a confirmação de Inácio, os vigias se deslocaram no espaço com um poder impressionante de volitação e trouxeram os dois homens segurando-os pelos braços.

Tinham um aspecto horrível. Traziam a pele mal cuidada com coloração acinzentada, olhos muito vermelhos e unhas enormes. Exalavam um odor tóxico que nos obrigou a usar máscaras cedidas pelos vigilantes, sempre muito precavidos para esses casos.

Eles diziam:

Qual é a de vocês? Solte a gente. Não fizemos nada de errado. Parem com isso, guardas.

Quem são vocês? – perguntou doutor Inácio.

Não é da sua conta, cara. Você é delegado? Vai prender a gente?

Se for preciso sim. Respondam: quem são vocês? Por que estão ligados à Irene?

Ah! Então estão protegendo aquela "vadia"?

Contenha-se e me responda. O que querem com ela?

Como você sabe que estamos aqui por causa dela?

Tenho meus meios e isso não interessa. Eu não sou um homem muito paciente. Pela última vez, me responda: o que querem com Irene?

Estamos com ela porque fomos muito bem pagos.

Pagos para quê?

Para realizar macumba brava – disse um deles.

Somos *trabaiadô* de esquerda, despachantes – completou o outro.

Quem mandou fazer essa porcaria?

Não podemos contar.

Então vão ficar presos até me contarem.

Não vamos contar nunca.

Doutor Inácio ficou desgostoso com a cena. Solicitou que prendessem os dois nas alas inferiores da Casa da Piedade. Foi chamada uma viatura e foram levados para lá, algemados e acompanhados pelos vigias do Hospital João XXIII. Dois enfermeiros acompanharam os vigias com uma autorização escrita por doutor Inácio.

É possível que muitas pessoas estranhem o fato de que uma casa de amor tenha uma prisão, mas nos seus porões existiam lugares com a finalidade de abrigar essas criaturas. O amor não exclui a justiça. Era preciso saber com detalhes do que se tratava a intervenção deles no caso. Apanhar duas criaturas desprevenidas como aquelas em trabalhos de magia não era algo comum.

Voltamos todos ao quarto de Irene.

Os fios amarelos haviam desaparecido da cabeça da paciente. Ela, porém, se apresentava mais agitada fora do corpo.

Chegamos perto do leito. Embora estivesse sedada fisicamente, seus batimentos cardíacos se apresentavam muito acelerados.

Doutor Inácio examinava a paciente quando ouvimos um estampido que lembrou o barulho de uma rolha sendo sacada de uma garrafa. Foi de uma vez só e muito forte. Olhamos todos para a direção do som, que veio da altura da cabeça de Irene. Percebemos, então, um novo cordão, dessa vez de coloração marrom, com tons pesados de vermelho, que lembrava uma veia repleta de sangue coagulado. E, mais uma vez, saímos acompanhando doutor Inácio no rastreamento de onde vinha aquilo.

Novamente, do lado de fora, desta vez nos portões do pronto--socorro, aquele fio terminava na cabeça de uma jovem de seus trinta anos, aproximadamente, que procurava saber se poderia visitar uma pessoa. Vendo-a, disse Carminha:

É Júlia que está desdobrada pelo sono e veio procurar Irene, doutor Inácio.

A namorada?

A pretendente! Ela já foi avisada sobre o que aconteceu com Irene e está desesperada.

Avisada por quem?

Pelos próprios familiares. Além de funcionária de Irene, Júlia é também amiga íntima de todos.

Peça aos vigias para não a deixarem entrar.

Ela não vai conseguir doutor. Pela coloração desse fio eles já identificaram que é algo bem complicado. É a cor do desespero e da possessividade.

Deixe-me dar uma olhada nessa moça – falou doutor Inácio se aproximando do campo mental de Júlia.

Após alguns poucos segundos examinando-a, ele disse.

Voltemos ao quarto de Irene. Temos que conseguir acoplar seu corpo perispiritual ao corpo físico urgentemente.

Por qual razão, doutor?

Há mesmo um sinal de magia no caso. Certamente aqueles despachantes sabem mais do que imaginamos. E essa moça, Júlia, não está inocente no caso.

Regressamos ao quarto. Doutor Inácio solicitou, então, que Antonino puxasse o corpo perispiritual de Irene para ele, como se o incorporasse e, em seguida, deitasse ao lado de Irene no leito onde estava seu corpo físico. Quando estivesse ao lado dela, o próprio médium já saberia como ajustar seu perispírito ao corpo físico. Era uma operação simples, mas muitas vezes impossível de ser realizada devido ao estado mental de alguns enfermos. Foi fácil. Não houve nenhuma surpresa e Irene dormiu em nível de todos os seus corpos, diminuindo o batimento cardíaco e recuperando todos os seus sinais vitais satisfatoriamente. Ela estava muito perto de um coma, mas isso não aconteceu.

Após a intervenção, doutor Inácio dirigiu-se à dona Marília, que prestou as seguintes informações:

Doutor, Irene está debaixo da influência de despacho. A moça que se aproximou dela fez uma simpatia das bravas para afastá-la do marido.

Mesmo?

Sim, doutor.

Você sabia dos dois vampiros que a atormentavam aí fora?

Não sabia que estavam aí fora, mas vi duas criaturas estranhíssimas rondando a casa de Irene. Há quinze dias a moça não suportou ver seus desejos não correspondidos e fez um trabalho para conquistar minha filha. Júlia está em desespero com essa paixão, e Irene está se envolvendo, principalmente depois da magia.

Você sabe onde ela foi?

Não. Só sei disso por causa de uma conversa que escutei entre ela e outra amiga, que a orientou para procurar esses lugares.

Compreendo.

O senhor já deve saber o que aconteceu entre as duas hoje.

Sei sim, Marília.

Pois então! Isso enlouqueceu minha filha!

Fique tomando conta de Irene. Vamos sair agora em busca de mais informações e deixaremos um dos nossos enfermeiros com você e sua filha. Logo pela manhã, acredito que ela terá uma melhora considerável.

Marília ficou muito grata e confiante. Saindo do hospital, doutor Inácio indagou:

Carminha, você sabia de alguma coisa sobre esse trabalho de magia?

Estávamos investigando, doutor. Aconteceu tudo muito rápido na história de Irene e, além da mãe dela, não temos ainda equipes de rastreamento no caso. Quando a mãe pediu ajuda há alguns dias, acredito que esse tipo de magia já havia sido feito.

Tomaremos algumas medidas a partir de hoje.

Certamente, doutor.

Fomos então para a Casa da Piedade junto com doutor Inácio, Antonino e mais alguns colaboradores que se agregaram ao caso para interrogar os dois espíritos aprisionados.

Ao chegarmos lá, percebemos que eles estavam agitados, pareciam drogados. Haviam sido colocados em celas mais isoladas. Logo de início já zombaram.

E aí, delegado, tem uma *bucha de bagulho* aí para nós?

Que bucha o quê, seus malucos!

Somos mesmo, delegado. *Nóis adora* ser maluco. (e riram sem se conter)

Quero ver quando passar o efeito dessa porcaria que tomaram, como é que vão ficar. Permanecerão presos aqui.

Esquenta não, doutor delegado. Logo *eles vêm* buscar *nóis*. *A gente somos* importante. E *vocês não pode* segurar a gente aqui assim por muito tempo.

Isso é o que você pensa. Aqui, "nem Deus consegue escutar" seus pedidos, camaradas.

Deus? Quero nada com Ele não doutor. *A gente somos* do mal.

Verdade? Fizeram despacho para a moça internada, não é?

Fizemo sim, doutor.

Quem mandou?

Isso a gente *num* conta não, doutor.

Vão ter que contar, sim.

O senhor vai pagar?

Não pagamos por nada aqui, criatura!

Então não tem informação.

Posso soltá-los a troco da informação. Mas somente depois de confirmada.

Aí já é diferente *né* parceiro? – indagou ao outro colega dele que ficava só rindo.

Quem mandou fazer essa coisa? – insistiu doutor Inácio.

Pai Ruanito das Almas Negras.

Quem pagou por isso?

A moça Júlia, namorada da *véia* internada lá no hospital.

Qual a intenção?

Acabar com o marido que *tá* de cabeça quente.

Como de cabeça quente?

Ele está com muita raiva da mulher.

De Irene, aquela que está no hospital?

Isso, a *véia é* dona da grana e da firma. Ela *tá fria* com ele, sabe como é *né* doutor. Casamento é coisa de besta. E aí a gente vai empurrar o marido dela *pra* fora. Aí a moça Júlia ganha a parada com a *véia*.

Entendi. E porque vocês estavam acessando Irene?

A gente ia colocar a coisa na alma dela, *né* doutor. Se não a macumba não pega.

E o que é essa coisa? Onde está?

Tá na mão do chefe.

Se iam colocar nela ali, como está na mão do chefe?

Doutor Inácio pediu que dois guardas entrassem em cada cela e revistassem os homens. No bolso da calça do que só ficava rindo foi encontrado um pequeno chip com diâmetro aproximado de sessenta milímetros. Um aparelho do mal, montado em série por espíritos das trevas e da maldade.

O doutor pegou o pequeno chip e perguntou.

Para que serve esse aparelho?

Sei não delegado. Só foi falado para espetar no coração da *véia* e vazar fora.

Era isso que queriam lá no hospital? Puxar o perispírito de Irene para a rua?

É, sim senhor.

Compreendi. Vocês vão passar a noite aqui até que eu obtenha mais informações.

Devolve o meu treco doutor – pediu o despachante de serviços de magia.

De jeito nenhum. Isso aqui vai ser examinado e nem depois que estiver desativado você põe a mão nisso.

Faz isso não, delegado. Isso aí é nosso pão de cada dia. A *gente tamo* perdido se voltar sem isso.

Esse problema já não é meu.

Doutor Inácio pediu um exame minucioso do aparelho. Pouco depois os técnicos do posto identificaram que se tratava de um despertador de paixão. O chip alterava e colocava em pane a rotação do chacra cardíaco, permitindo com isso o despertar de frustrações amorosas. Com tal interferência, todo o sistema endócrino passaria a reagir de outra forma. Os hormônios da sexualidade aumentariam excessivamente e seriam as bases das paixões fulminantes e sem controle.

O chip funcionaria muito bem em Irene porque, ao investigarmos mais detalhes do caso ao longo daquela noite, descobrimos que aqueles capangas não mentiam. O marido estava muito infeliz com a frieza de Irene e pensava mesmo em se separar. E ela, por sua vez, também infeliz, bastava só um empurrão para tombar no precipício da ilusão.

A pequena engrenagem foi retida pela equipe técnica da Casa da Piedade que já estava acostumada com esse tipo de recurso.

Até os apetrechos dos despachos se modernizaram. Hoje em dia não são mais tão necessários os sacrifícios de animais ou manipulação de energias, pois há uma tecnologia capaz de manipular a própria pessoa com suas imperfeições e limitações.

A noite ainda foi de muito serviço e providências em torno do caso de Irene. Na medida em que as informações eram apuradas, ficou clara a importância de estender todo o recurso possível àquela mulher. Sua empresa empregava quase duas mil pessoas. Sua vida era um testemunho no campo da honestidade. A repercussão de qualquer desequilíbrio em sua vida poderia atingir milhares de pessoas. Não se tratava apenas de atender ao pedido de sua mãe, Marília, amiga de doutor Inácio. A responsabilidade social é um ingrediente de grande valor nas questões espirituais. Não significa que Irene tinha privilégios, mas sim grandes responsabilidades.

Pela manhã, a família foi visitá-la. Ela se apresentava bem mais estável e consciente do que havia acontecido, e ela mesma acalmou o marido e os filhos. Diante de seu quadro, os médicos a manteriam ali, em observação, por mais um dia apenas. Eles pediram a avaliação de uma cardiologista, a doutora Sandra que, além de médica, era também terapeuta.

Júlia, que acompanhou os familiares na esperança de ver Irene, não teve sua presença permitida no quarto da paciente, por motivos médicos.

Irene foi transferida para um quarto particular e, por volta das dez horas, a doutora Sandra chegou para examiná-la.

Bom dia, Irene!

Bom dia, doutora!

Sou Sandra, especialista em terapia e cardiologista e vim avaliar o seu caso. Você passou um susto, não foi?

Muito grande, doutora. Na verdade, nem sei o que aconteceu direito.

O que você acha que você tem?

Sinceramente, não sei se tenho problemas de coração ou de cabeça. Talvez os dois.

Coração?

Coração no sentido emocional, doutora.

Seu quadro, pelas informações anotadas no prontuário, tem algumas características decorrentes de estresse pós-traumático. Você sabe o que é isso?

Tenho vaga noção.

Certamente, aconteceu algo que, de forma intensa, afetou sua estrutura psíquica, seus valores ou sua moral. Algo que sobrecarregou seu psiquismo e, por fim, seu espírito adoeceu. Houve algum episódio assim tão marcante?

Nossa, doutora. Aconteceu sim, mas prefiro não falar sobre isso!

Irene, nossos profissionais conhecem bem as dores da vida e me chamaram aqui prevendo que você tinha algo a esconder de todos, o que estaria deixando você estressada e doente. Seja o que for, falar sobre isso será o primeiro passo para que você possa se equilibrar. Eu, além de médica, cuido da vida mental de muita gente. Você teve uma arritmia cardíaca muito pertinente a pessoas que estão sufocadas com seus dramas. Quero que você encontre em mim uma amiga, além de uma profissional, pronta para ouvi-la. Falar vai lhe trazer alívio.

Doutora Sandra, a senhora tem razão. Minha vida mental está um inferno. Imagine uma mãe de dois jovens, casada e apaixonada por outra mulher!

Você está tendo um caso?

Ainda não. Ontem pela primeira vez avançamos um pouco nas nossas demonstrações de amor e nos beijamos.

Foi bom?

Teria sido maravilhoso, não fosse o que aconteceu logo a seguir. Depois do beijo, minha cabeça parece ter entrado em pane e eu saí dirigindo como uma louca, sem nenhum controle sobre os meus pensamentos. Milhares de coisas vinham à minha mente de uma só vez: marido, filhos, a empresa, minha vida, minhas lembranças de outros relacionamentos homoafetivos. Fui sentindo uma terrível dor de cabeça e muita dor nas costas e na nuca, na região da cervical, parecia que havia arrebentado algo dentro de mim e estava tudo fervilhando como um vulcão em erupção e eu perdi a noção de tempo, de espaço e das sensações. O resto, a senhora deve saber mais do que eu. Sei que fui recolhida em meio a uma avenida, com meu carro parado em pleno trânsito caótico, conforme me informaram os familiares hoje cedo. Era como se alguém estivesse controlando totalmente minha vida mental.

Você está vivendo um momento de autodescoberta, Irene.

O que a senhora acha que devo fazer?

Três etapas. Primeiro, definir o que verdadeiramente você quer em relação a esse amor. Segundo, identificar o melhor caminho para amenizar os dissabores para as outras pessoas que você ama. E terceiro, viver a sua vida, e não a dos outros.

Nossa! E como conseguir isso. Eu não sei nem por onde começar.

Você vai precisar de ajuda terapêutica, Irene. Sem esse apoio suas escolhas podem ficar muito comprometidas.

A senhora faria esse tipo de trabalho, em particular?

Claro que sim. Deixarei com você meu cartão. Procure-me no consultório quando tiver alta.

E, porventura, teria alguma recomendação mais imediata para mim?

Sim. Pense se é o melhor momento para assumir uma nova relação. Não brinque com o coração dos outros.

As advertências claras da doutora Sandra caíram como bálsamo na alma de Irene, trazendo imediatas e positivas repercussões em sua mente. Era como se ela já soubesse claramente que rumos tomar em sua vida.

Sua pane mental, na verdade, foi um aviso a respeito do despreparo íntimo que sentia para realizar mudanças em sua vida, desacompanhadas de uma orientação para realizar suas descobertas interiores.

A questão da magia nesse caso, assim como em todas as situações similares, obedece ao que esclarecem os guias espirituais, que existem pessoas que têm expressiva força magnética e que quando fazem mau uso dela é porque são maus, e podem contar com outros espíritos maus. Não há um poder mágico, mas fatos naturais mal observados e mal compreendidos.

Não existe, então, um poder absoluto em ninguém. Existem fatos que, ao serem observados nos seus detalhes, explicam claramente porque a ação da vontade de alguém sobre outra pessoa pode ou não alcançar seus objetivos de domínio.

Macumba pega? Sim, dependendo de um conjunto de fatores e não só de poderes supostamente especiais.

Irene tinha em si mesma um mundo afetivo confuso, amargurado e frustrado. Tinha um histórico de homoafetividade antes de se casar com seu marido e formar uma família. Portanto, muitas pendências relativas à sua sexualidade e afetividade serviram de gancho para a ação de Júlia e seus contratados desencarnados. No corpo mental inferior de Irene estavam as "marcas" nítidas de sua orientação homossexual.

Além desses fatores, Júlia era sensível, amiga e funcionária dedicada. O que encantava o coração vazio de amor de Irene.

As forças magnéticas usadas com intuitos de alcançar objetivos pessoais por meio de serviços de despacho pela magia alcançavam ali os resultados desejados, em função desse conjunto de fatores que possibilitavam fenômenos naturais de sintonia, identidade de aspirações e qualidade de energias.

Não existem vítimas ou forças sobrenaturais, existem leis naturais e elas se cumprem dentro da lei da justiça.

Não é a magia que faz o pior acontecer, ela apenas estimula o que já existe nas pessoas. Ninguém vai conseguir levar alguém à ruína financeira sem um ponto de apoio na própria pessoa. Se o indivíduo é imprevidente por natureza terá uma porta aberta para que um chip, como esse que seria colocado em Irene, seja implantado no seu corpo espiritual e abale por completo sua vida emocional levando-o à desordem e finalmente à queda para a qual a sua imprevidência o predispôs.

Irene representava mais um caso de carência afetiva como alicerce de todos os seus desafios, obrigando-a a mudanças inadiáveis e muito amplas em seu modo de pensar e de agir.

O plantão daquela noite se encerrou às cinco horas da manhã. Foram mais de doze horas de intenso e vasto trabalho naquela casa abençoada.

No dia seguinte, em novo plantão, fui recebido mais uma vez por Carminha, que foi logo dizendo:

Pai João, Pai João! Que bom que o senhor chegou. Bom dia, meu preto-velho, querido!

Bom dia, *fia* de Deus! Aconteceu algo para essa ansiedade toda?

Minha cabeça está fervilhando de perguntas sobre o caso de Irene. O senhor pode me conceder alguns instantes, antes do trabalho?

Claro, *fia* querida, vamos conversar.

4
HIERARQUIA DE PODERES NO MUNDO ESPIRITUAL

> "Da existência de diferentes ordens de Espíritos, resulta para estes alguma hierarquia de poderes? Há entre eles subordinação e autoridade?
> Muito grande. Os Espíritos têm uns sobre os outros a autoridade correspondente ao grau de superioridade que hajam alcançado, autoridade que eles exercem por um ascendente moral irresistível.
> a) — Podem os Espíritos inferiores subtrair-se à autoridade dos que lhes são superiores?
> Eu disse: irresistível."
>
> O livro dos espíritos, questão 274.

Pai João, suas observações sobre os casos de Hanna, Hilda, Laerte e Irene deixaram minha mente rodopiando em torno do tema carência. O que eu gostaria de saber é se existem formas de esconder essa falta de afeto, ou seja, a carência tem camuflagens?

Sim, muitas. O nível de consciência da grande maioria a respeito do nosso grau de necessidades nessa área é algo muito limitado, pequeno. A rigor, a falta de Deus em nós, a sensação de estarmos sozinhos no mundo diante das lutas e desafios, não deixam de ser uma carência básica. Entretanto, como doença grave que estrutura um estado emocional de dor interior, de vazio existencial e da ausência de sentido para viver, ela tem algumas camuflagens mais conhecidas.

E quais são elas, Pai João?

Os efeitos mais palpáveis podem ser observados na percepção que a pessoa faz de si mesmo. As camuflagens mais comuns são: o orgulho dos papéis, a idealização e o perfeccionismo; mecanismos ou máscaras adotadas como alternativas enfermiças para que a pessoa carente se esconda das dores que a fazem se sentir inferiorizada, abandonada e fragilizada.

O orgulho se estabelece quando há uma identificação com papéis sociais exercidos: o chefe, o gerente, o médium, o professor, o pai. Não se sentindo feliz com sua natureza interna, com seus sentimentos e com os seus mais profundos propósitos de vida, essa identificação com as funções que exerce é uma forma ilusória de suprir a frustração e a infelicidade consigo mesmo. Esse processo é tão sutil que a pessoa nem percebe que está deixando de ser ela mesma para ser o que ela faz.

A idealização é a criação de um estilo de viver, pensar e sentir distante da realidade da própria pessoa, que abre a porta para mágoas dilacerantes regadas por profundas decepções nos relacionamentos e nos acontecimentos da vida. Quem idealiza a realidade gera expectativas muito altas que normalmente não serão correspondidas.

No perfeccionismo, cria-se um comportamento de autocobrança cruel para transparecer o que não se é, consumindo-se em modelos rígidos e insensatos de perfeição. Sob o impulso desse desejo de alcançar metas impossíveis e de ser quem não é, a pessoa se sente ainda mais insatisfeita e vazia, procurando novas formas que atendam o seu próprio modelo de ser perfeita.

Os papéis sociais definem *o que é* a pessoa, enquanto seus sentimentos são a expressão do *quem ela é*.

Papéis são alimentadores de crenças. Os sentimentos são a identidade do ser humano.

Os papéis costumam estimular o orgulho, a idealização e o perfeccionismo como formas ilusórias de suprir a falta que alguém sente de si mesmo.

Quando uma pessoa se identifica com um papel social de sua vida a tal ponto de afirmar que ela é aquilo que faz perante um grupo, está demonstrando o seu nível de imaturidade emocional e a que distância está de si mesma.

A carência é isso, Carminha. Uma pessoa distante de si mesma, com um vazio no peito que muitos tentam preencher com o amor e as qualidades de outra pessoa.

Hanna, Hilda, Laerte e Irene são carentes especificamente de quê, meu pai?

De amor, principalmente de amor-próprio, de vida, de alegria e de paz interior. Estão distantes do contato consigo mesmo, viajaram inconscientemente para o reino das ilusões.

E, por causa disso, Hanna destrói sua vida com uma traição, Hilda tenta se matar, Laerte está fora de si e Irene quase enlouquece?

Os efeitos da carência são individuais, Carminha. Cada qual vai dar à sua necessidade um destino único, conforme suas características e necessidades, inteligência e experiência.

Existem, porém, dois extremos nesse tema que alcançam grande parcela das pessoas: De um lado é a dor da rejeição e, de outro, a possessividade descontrolada.

Também poderíamos nomear isso como o carente que se sente rejeitado e se volta para dentro, e o carente que sente medo de perder e se volta para fora, exercendo o controle do outro, sem limites.

Essa dor da rejeição é um dos efeitos da baixa autoestima. No silêncio de sua vida mental ele adoece de amargura, de solidão, da ausência do afeto e do carinho. É uma pessoa que murcha perante a existência.

E na atitude de possessividade, se alimenta da mentira e da migalha de amor que outros oferecem, caindo na compulsiva e desmedida mania de controlar, exigir e idealizar a vida das pessoas que diz amar, terminando nos braços da terrível doença da codependência.

Codependência, Pai João?

Sim, a doença dos que dizem que amam por meio do controle da vida de quem dizem amar. No fundo são orientados por um terrível medo de perder sua fonte de nutrição afetiva. Tais pessoas são abusadas e muito magoadas em suas relações por conta desse esforço ilimitado em controlar, que as levam para níveis muito altos de tensão e de perda de energia.

O senhor me explicou ontem que carência se origina de uma trajetória no egoísmo. Pode ampliar seus comentários?

Por termos vivido focados em nossos interesses personalísticos durante tantos milênios, minha filha, agora sentimos falta de nós mesmos, de nossa natureza divina.

Parece uma incoerência. Por que o fato de ficarmos tão focados em nós anteriormente tem como consequência sentirmos essa falta agora?

O nosso movimento mental, de focarmos em nós para atender aos nossos interesses pessoais, foi um movimento do ego, da inteligência, do lado esquerdo do cérebro onde se processam as atividades predominantemente calculistas e que, conduzidas egoisticamente, se tornaram interesseiras. Para orientar nossas reflexões, as pesquisa atuais falam desse lado do cérebro.

O que nos faz ter contato interno conosco é o coração, o sentimento. O lado direito do cérebro.

Egoísmo é operação da inteligência e o resultado é uma satisfação passageira.

O amor é uma operação do afeto e o resultado é uma alegria interior, porque uma das propriedades mais divinas do amor é nos fazer sentir que existimos e isso nos realiza e nos nutre.

O egoísmo é uma forma de nutrição com o que não nos pertence.

O amor é o caminho para nos nutrir da nossa própria essência divina.

Agora ficou uma dúvida, pai!

Fale, filha querida!

O carente tenta amar alguém e não consegue se sentir, por quê?

O carente pensa que ama. Ele não sente que ama.

Por essa razão tem tanta necessidade da admiração, do carinho e do afeto do outro. Ele não se basta, não se nutre, porque não consegue amar verdadeiramente. Quem ama alguém, antes de tudo, ama a si mesmo. Quem carece de alguém, antes de tudo, é carente de si mesmo.

Pai João de Deus! Que conceitos maravilhosos!

Não são meus, minha filha. São do Cristo que tanto nos orientou para o amor verdadeiro.

Pai!

Sim.

E como orientar um carente para aprender o amor?

O amor é um movimento de realização.

> A carência é algo que só pode ser superado com amor, mas não o amor dos outros e sim o amor que a pessoa consegue aplicar a si mesma e à sua volta.
>
> A pessoa tem como primeiro desafio sair de si mesma, esquecer por um tempo suas próprias necessidades de ser amado e tentar fazer algo de bom e útil na vida.
>
> Esse movimento de realização e utilidade é uma mensagem enviada à vida que, com o tempo, cria uma ressonância e uma resposta.
>
> É vencer a concha do egoísmo, sair e semear sem nada esperar, pelo simples prazer de algo fazer pelo bem, pela vida ou por um ideal.
>
> Esse é o duro caminho de retorno para quem almeja ser amado. Começar amando algo, nutrindo um sonho,

desejando ser útil de alguma forma, consumindo-se por um ideal que o leve a se apaixonar pela vida.

Por isso o amor ao próximo é tão importante?

Exatamente. O amor ao próximo e todas as iniciativas no bem de nosso semelhante são movimentos de realização, entretanto, o mais importante nesse movimento é que a pessoa sinta que está sendo boa a si mesma, que está fazendo algo que acrescente a si, sem depender de ninguém.

Mas como amar ao próximo sem se amar?

Existem gradações nesse processo, Carminha. Quem está no serviço em favor do bem ao próximo pode ainda não se amar. Por essa razão, chamar essa atitude de generosidade seria muito mais apropriado. As tarefas sociais em favor do semelhante, no mundo físico e aqui entre nós, são cursos intensivos para romper com essa casca grossa do nosso egoísmo. A generosidade altera a qualidade das ondas mentais e é capaz de quebrar a concha do nosso ego, estimulando novos hábitos sociais e emocionais.

A Casa da Piedade, por exemplo, é para nós, seus colaboradores, um curso intensivo de bondade, ação no bem e na cooperação, caminhos fundamentais para concretização do verdadeiro sentimento de amor, desse movimento de realização na vida e pela vida.

Nossa, Pai João! Minha mente está indo longe com seus conceitos.

Na medida em que nos aplicamos à generosidade nos sentimos mais úteis e identificados com o projeto de Deus que nos criou para o amor. Passamos a perceber nossa utilidade individual e nosso valor, criando um laço de afeto mais sólido com nós mesmos. Sentindo-nos úteis, com alegria em poder cooperar e agir pelo bem de alguém, fazemos vibrar na alma o sentimento que vai suprir a carência: a paz íntima, efeito do contato com nossa essência. O ato de amar nos coloca em relação a nós mesmos, e isso é divino.

— Então, quer dizer que eu não preciso primeiro aprender a amar a mim mesma para depois amar ao outro?

— Esse processo acontece junto. Quanto mais buscamos o bem alheio, mais nos aproximamos de nós mesmos. Compreendeu, *fia*?

— Compreendi sim, Pai João. A sensação que tenho é de que nós podemos correr riscos na arte de amar quando entregamos nosso amor a pessoas em particular e não a um ideal ou a um grupo, certo?

— É prudente adotar esse caminho para quem está no início desse aprendizado. Cada caminho é individual, mas alguns terão de experimentar os desgastes do controle e da codependência e, depois de muito se machucarem supondo amar, vão buscar novos caminhos de amadurecimento íntimo e pessoal.

— Tem outro assunto, no caso de Irene, que me intrigou muito.

— Sobre o quê, filha?

— É sobre os dois despachantes de magia que foram presos. Eu nunca me interessei muito por essa parte da Casa da Piedade. Aliás, minha experiência se restringe mesmo à enfermaria. Ouvi muitos comentários sobre essa área prisional e queria alguns esclarecimentos.

Fale, minha filha.

O que vai acontecer com aqueles dois que foram presos?

Vão ser soltos.

Assim, sem nenhum corretivo?

Terão antes algumas aulas socioeducativas, que vão frequentar a contragosto.

Sobre o que são essas aulas?

Sobre o trabalho do Cristo na Terra para iluminar o coração humano com amor e as melhores chances que eles podem encontrar no serviço do bem.

E isso vai ajudar em alguma coisa? Ao serem soltos, farão algum proveito disso?

As informações passadas nessas aulas, Carminha, são muito preciosas e didaticamente apropriadas ao linguajar deles. Eles podem não mudar, mas ficarão muito estremecidos com a natureza das informações. Não vão esquecê-las e, na hora certa, isso fará muita diferença.

A respeito de que são as informações?

Sobre o risco de serem colocados a qualquer momento em uma reencarnação em condições que eles jamais desejariam, sobre as injustiças cometidas pela hierarquia do poder no mal e as desvantagens de servir a essas comunidades. Além disso, passam por exames médicos e recebem remédios que lhes dão melhoras e causam sensações tão benéficas que eles adotam essa referência de saúde e bem-estar como algo inesquecível.

Não há nenhum interesse em convencê-los de qualquer propósito. Apenas incutir-lhes o poder do amor que nada cobra e dá sem nada esperar em troca.

Ao ver a rapidez e agilidade com que o doutor Inácio determinou a prisão na frente do hospital, fiquei meio confusa.

O que a confundiu?

Acho que o fato de ficar pensando como se estivesse encarnada. Não é comum um hospital ter uma prisão. Muito menos um psiquiatra ordenar aos vigias que os capturassem. O senhor concorda comigo que é uma ordem social diferente?

De fato, no mundo físico, um médico não pode prender ninguém. Ainda bem! O plano físico é que retrata infielmente nossas organizações. Seria muito desejável que os profissionais, de uma forma geral, educadores, médicos, terapeutas e outros tivessem em si um pouco de delegados, soldados, juízes e advogados.

Aliás, os delinquentes chamaram o doutor de delegado.

É a questão da hierarquia moral, Carminha, que em nosso plano tem uma maior expressividade, embora ainda não tenha atingido todos os ambientes.

Isso pode ser encontrado em *O livro dos espíritos* quando os espíritos superiores esclarecem que a hierarquia de autoridades e sua subordinação no plano espiritual são muito grandes, e que estão submetidas ao grau de superioridade que os espíritos já alcançaram, a autoridade que eles exercem por um ascendente moral irresistível.

A postura do doutor Inácio foi impecável. Por quê? Por causa do ascendente moral. Esse é o ponto que muito diferencia a vida espiritual da vida física.

No mundo físico as leis obedecem aos códigos preestabelecidos e que regem a força social. No mundo espiritual isso continua valendo, acrescido pelos fatores da energia moral, da força espiritual inquestionável e da luz na alma. É um magnetismo contagiante e transformador capaz de produzir as mais diversas e impressionantes formas de calar e paralisar o mal em suas manifestações.

Aqueles dois servidores do mal ficaram imóveis perante o doutor Inácio. E, confusos, perderam a capacidade de ação. É a força do amor na prática do bem.

Aqui no mundo espiritual, mais perto dos planos terrenos, além dos componentes existentes para a ação do mal nos moldes do plano físico, existem também a telepatia, a clarividência, o exame das cores da aura por meio da mente, o rastreamento energético por meio de aparelhos ultrassensíveis, baterias de proteção de ambientes, psicoscópio para exame médico e da natureza do perispírito, enfim, são muitos outros recursos.

Hoje mesmo, aqueles dois homens serão examinados com o intuito de serem advertidos sobre doenças, infecções e hipnoses a eles impostas no campo mental. Quando forem soltos, poderão fazer o que desejarem com tais informações. Sairão com um laudo médico escrito e com a mente repleta de orientações até então negadas a eles nas regiões infelizes onde habitam.

Eu ainda penso como se vivesse no mundo físico. Mesmo vendo como as coisas são nesse plano, parece que, algumas vezes, não acredito no que vejo. Isso é que causa a perturbação em muita gente por aqui, a meu ver.

O plano físico e o espiritual são muito semelhantes. Mas a ordem social do nosso lado da vida ganha esse componente que muda muita coisa. Aqui a força moral é insígnia de superioridade irrefutável.

Que benção, meu Pai! Muito obrigada por seus esclarecimentos. Estou muito satisfeita com suas orientações e me sinto melhor posicionada para o trabalho. E, por falar em trabalho...

Vamos?

Sim. Hanna já está nos esperando no quarto.

DOENÇAS CONTINUAM NA VIDA ESPIRITUAL

5

> "A perturbação que se segue à separação da alma e do corpo é do mesmo grau e da mesma duração para todos os Espíritos?
> Não; depende da elevação de cada um. Aquele que já está purificado, se reconhece quase imediatamente, pois que se libertou da matéria antes que cessasse a vida do corpo, enquanto que o homem carnal, aquele cuja consciência ainda não está pura, guarda por muito mais tempo a impressão da matéria."
>
> O livro dos espíritos, questão 164.

Dirigimo-nos para o quarto de Hanna. No caminho, juntou-se à nossa equipe tia Glorinha, que veio atender nosso pedido e conversar com a sobrinha.

Chegando ao quarto vimos que ela estava com um aspecto bem melhor. Quando avistou a tia junto de nós ficou pálida, não acreditando no que via. Como se sumíssemos de sua visão, disse engasgada:

Tia Glorinha! Mas...

Deus a abençoe, Hanna.

Mas... Estou tendo uma visão? O que significa isso? Não estou entendendo!

Sou eu mesma, minha sobrinha.

— Então eu...

— Sim, minha filha. Você fez a passagem. Esse lugar não é o Hospital Felício Rocho.

— Nossos enfermeiros estavam atentos. Em situações como essa, ao tomar conhecimento de que já morreu, a pessoa pode ter as mais inusitadas reações.

Hanna estava sem voz. Não conseguiu pronunciar nem mais uma palavra. Todos nós ficamos em silêncio aguardando que ela ordenasse seus pensamentos confusos. Lágrimas começaram a rolar de seus olhos e vimos que a tia Glorinha estava igualmente emocionada.

— Você está na Casa da Piedade, minha querida, um posto de socorro do plano espiritual. Desencarnou durante a cirurgia. São passados três dias de seu desligamento.

— Tia Glorinha – disse aos prantos –, abrace-me pelo amor de Deus!

Olhamo-nos, Carminha, os enfermeiros e eu, sentindo-nos mais relaxados com o desabafo. Era como se já soubéssemos que o desfecho seria o melhor.

— Estou muito assustada, tia Glorinha. Abrace-me com muita força.

A tia Glorinha, um amor de pessoa, a acolheu com incontido amor.

— Hanna, a vida chamou você para novos caminhos. Você começa aqui uma nova etapa – dizia acariciando os cabelos da sobrinha e secando suas lágrimas com um lenço.

— Tia Glorinha, o que vai ser de mim? Como estão meus filhos e meu marido? Eu nem me toquei que isso tinha acontecido. Como a morte pode ser assim?

Todos estão bem, querida.

E minha mãe?

Todos já sabem e estão bem. Minha irmã é muito forte e inclusive já sabe que estou com você, através de informações mediúnicas que recebeu.

Tia, por que logo agora, quando tentava me livrar de tantas culpas por meio do arrependimento?

A hora de Deus é diferente da nossa, Hanna.

Que dor eu sinto por dentro... – e pela primeira vez olhou para nossa equipe suplicando socorro – eu não sei se vou aguentar, Pai João!

Hanna – falei enquanto a tia a acolhia –, temos muita esperança de que sua vida melhore e que suas experiências sejam muito mais ricas aqui. Você se livrou do tumor e isso é um ótimo indício.

Indício de que, Pai João?

De que você vai se sentir mais leve e revigorada e sua depressão vai se abrandar. Para isso é necessário a aceitação. Nada de revolta!

Mas eu sinto um vazio que não sentia há muito tempo, apesar de realmente estar mais leve.

Esse vazio é algo que você terá de superar com orientação e esforço. Você passará por tratamentos para que isso aconteça.

De onde vem isso?

Isso faz parte de sua jornada, minha filha. É a doença da carência.

O senhor tem razão. Acho que fui mesmo uma mulher muito carente a vida inteira e, pelo que vejo, a morte não aniquilou essa sombra.

Agora, porém, Hanna, além do amor dos que a querem bem, você não terá mais para quem transferir a responsabilidade de amar e vai aprender como preencher esse vazio.

Pai João, estou me sentido muito perdida. Sinceramente nem sei o que estou sentindo. Estou perdida, muito perdida. Tenho vontade de sumir.

E começou a chorar novamente.

Isso é o seu vazio existencial, Hanna. Uma doença que pede socorro e tratamento muito bem orientado.

Tenho a sensação de que o fígado está doendo novamente – falou aos prantos – Estou com muita vontade de beber, minha boca está seca e amarga.

Vamos lhe dar um calmante. Você agora terá que se recompor e vai precisar do descanso.

Pai João, só mais uma pergunta, posso? Pelo amor de Deus, me responda.

Fale, filha.

Raul, meu amante, está por aqui?

Não, Hanna, não está. Depois falaremos mais sobre isso. Descanse!

Foi aplicado em Hanna um sedativo muito eficaz, com componentes similares aos antidepressivos, que a fez dormir rapidamente. Como sua mente estava muito confusa e ansiosa, tivemos de mantê-la assim por algum tempo, para evitar um choque de perturbação mais grave. A reação de Hanna ao seu próprio desencarne foi melhor do que se esperava, embora inspirasse cuidados e algumas iniciativas que seriam levadas a efeito. O carinho de sua tia foi fundamental e o conhecimento que tinha do mundo espiritual, de alguma forma, a ajudou a localizar-se no tempo e no espaço.

Carminha e eu deixamos tia Glorinha e os enfermeiros cuidando de Hanna e fomos conversando pelos corredores.

Pai João, por mais que veja esses casos todos os dias ainda me pergunto: como pode a pessoa ter esse choque de realidade, sendo que já morreu tantas vezes?

A matéria impõe um esquecimento dessa realidade a tal ponto que o choque é proporcional à intensidade da rejeição a essa ideia.

Quantos casos você acompanhou aqui em que a pessoa não acredita que morreu mesmo vendo seus familiares que a antecederam. Hanna tinha conhecimento e isso ajudou muito.

Mas não resolve, não é pai?

Certamente que não. Veja o estado inicial dela, com forte sensação de perda de oportunidade. Isso ainda vai se intensificar muito. Embora mais leve, o quadro depressivo poderá ser inevitável e exige um acompanhamento cuidadoso.

E muito antidepressivo! – falou Carminha com sua experiência.

A vida continua e ela apenas vai continuar aqui o tratamento que já fazia no mundo físico. Além de se tratar, vai precisar resolver a origem de suas pendências. Lá no *Livro dos espíritos* diz que a perturbação que se segue após o desencarne não é do mesmo grau e da mesma duração para todos os espíritos, mas que depende da elevação de cada um e que é mais demorada quanto menor for o progresso moral e mais rápida quanto mais purificado for espírito. Lembra-se, Carminha?

Sim, me lembro.

Muitos ainda nutrem dúvidas a esse respeito no mundo físico, mesmo sendo espíritas ou espiritualistas. Quando se diz que a vida continua, entenda-se que ela continua exatamente do mesmo jeito em que a deixamos na vida física, com os mesmo problemas íntimos e físicos a vencer.

E como isso é verdade!

Muitos irmãos do ideal espiritual ainda vivem a sua reencarnação como se fosse um vale de lágrimas e perdição que se extinguiria repentinamente com o desencarne.

Acreditam demasiadamente e de forma perigosa em um conceito onde a dor é a fonte única e desejável de libertação espiritual.

Esse conceito de sofrimento é algo que interessa a quem deseja implantar o mal na Terra. Essa não é a mensagem de Jesus que se resume na Boa Nova, ou seja, uma mensagem da alegria.

A reencarnação é uma escola cuja lição primordial é a de vencer suas próprias provas e delas sair com algum aprendizado. Muitos, porém, acreditam que sofrer é o melhor caminho para chegar aqui na vida espiritual com a alma lavada, de uma hora para a outra, e isso é um equívoco!

Ao contrário, aprender como vencer suas próprias dores estando ainda no plano físico é o passaporte para a paz interior. Paz que começa lá mesmo e se transpõe para esse lado da vida com quem a conquistou.

Há certa insensatez em se pensar dessa forma em relação à lei de causa e efeito, principalmente acerca das dores, como se sofrer trouxesse como efeito a elevação espiritual.

O que conduz a criatura à elevação é sua experiência de vida, sua capacidade de achar caminhos para superar o que a escraviza, sua bagagem de respostas conquistadas nas fontes da vivência.

— Pai João, que visão singela e ao mesmo tempo profunda. Como entender isso no caso de Hanna?

— Pelas informações que obtive, Hanna acreditou que a sua carência, sentida em forma de rejeição pelo marido, filhos e entes queridos, era uma prova do seu passado reencarnatório e nisso se acomodou, supondo que, ao desencarnar, se livraria dessa dor.

— E não se livrou, lamentavelmente. Mas poderia ser considerada uma prova do passado dela?

— Claro que sim. Para sofrer um nível de carência tão grave como o dela, inegavelmente temos que pensar em uma construção de comportamentos egoístas ao longo de várias vidas sucessivas.

Nesse aspecto, era uma prova do passado, mas aí está a diferença: uma prova do passado é para ser vencida com novas atitudes e não suportada dolorosamente sem achar as resposta e caminhos para superá-la.

Isso é que é o carma. Uma situação que se apresenta como um efeito em função de uma causa. Entretanto, a função do carma é devolver à pessoa o que lhe pertence. Não para que ela sofra com isso e sim para que ela aprenda a desenvolver as soluções com novos comportamentos, e nisso reside a grande diferença. Muita gente se acomoda na dor acreditando que sofrê-la é a solução. Nesse caso, a dor pode redundar apenas em adiamento de aprendizado e ampliação do sofrimento necessário. Carma, em outras palavras, é aprendizado e não um castigo. Ficou claro, Carminha?

— Mais que a luz do sol, pai querido! E, se eu entendi bem o assunto, Hanna ainda terá muitos desafios a vencer. Possivelmente mais que Irene, o senhor concorda?

— Muito provavelmente. Porém, Irene ainda está na matéria. Enxergou que errou e tem tempo na carne para se corrigir e, o mais importante, nutre uma profunda disposição para isso.

Hanna, igualmente, vai recomeçar sua caminhada aqui mesmo no mundo dos espíritos, para depois retomar o aprendizado na matéria, mas colhe o fruto amargo do adiamento de enfrentar suas lutas íntimas.

— O quadro dela tende a se agravar?

— A depressão, como disse, parece ser inevitável. Vai encontrar-se com aquilo de que fugiu a vida inteira: o vazio existencial, sua dor e sua carência. Ela própria terá de assumir a condição de operária de si mesma, construindo tijolo a tijolo a sua edificação de paz e harmonia.

Mesmo tendo sido descuidada em relação à sua necessidade afetiva, foi uma mulher do bem, não desejou o mal a ninguém. Por essa razão foi socorrida com muito amor, recursos de amparo, acolhimento e bondade no instante de sua passagem para a vida espiritual.

Não se livrou, porém, de si mesma e de suas necessidades de amor e afeto. E o trabalho que Hanna vai começar aqui na vida dos espíritos, Irene já está começando no mundo físico com a orientação de sua terapeuta, a doutora Sandra. Mesmo sem conhecer o Espiritismo como Hanna, Irene avançará em direção a conquistas imperecíveis. Acreditamos em rumos muitos salutares, no seu caso, sob as orientações da terapeuta e ainda haverá muitos desdobramentos nessa história.

Que bom, Pai João!

A FORÇA TERAPÊUTICA DA MATÉRIA FÍSICA 6

"O Espírito se recorda de todas as existências que precederam a que acaba de ter?
Todo o seu passado se lhe desdobra à vista, quais a um viajor os trechos do caminho que percorreu. Mas, como já dissemos, não se recorda, de modo absoluto, de todos os seus atos. Lembra-se destes conformemente à influência que tiveram na criação do seu estado atual. Quanto às primeiras existências, as que se podem considerar como a infância do Espírito, essas se perdem no vago e desaparecem na noite do esquecimento."

O livro dos espíritos, questão 308.

Quando Carminha se preparava para mais perguntas, percebemos que já era hora de nos deslocarmos para a nova atividade da noite.

Já eram dezenove horas e dentro de meia hora tínhamos de chegar à sessão mediúnica na Casa da Fraternidade, um centro espírita no bairro Floresta, posto de socorro avançado de nossas atividades existente no mundo físico, bem próximo à região geográfica do parque municipal, onde se situa, no astral, a Casa da Piedade.

A Casa da Fraternidade não somente era um ponto de apoio extraordinário para nossas tarefas extrafísicas, mas também se constituía em rica fonte de oportunidades para milhares de encarnados e desencarnados desamparados, atendendo aos imperativos da caridade cristã.

Ali, semanalmente, eram realizadas as reuniões públicas onde se tinha contato com a dor humana e suas angústias. Espíritos do nosso plano orientavam e enxugavam as lágrimas de quem ainda fazia sua caminhada na escola terrena, dentro da matéria física e também na vida espiritual. Essa casa de amor realizava uma das mais elementares e ricas iniciativas em favor do bem e da luz: permitir aos homens o contato direto com os céus.

Médiuns bem treinados e orientados nas obras básicas do Espiritismo e com o sentimento trabalhado nas linhas da mensagem de Jesus ofereciam-se para a incorporação e diálogos instrutivos, diretos ao povo. Havia uma energia que se derramava sobre aquela tarefa que vinha do Mais Alto.

Francisco de Assis, o tutor de vários grupos com a mesma proposta daquela casa, inspirava todas as iniciativas de desprendimento e auxílio daquele núcleo de trabalho.

Carminha e mais alguns trabalhadores nos acompanharam.

Faltavam mais de quarenta minutos para os portões da casa se abrirem no mundo físico, e dar início às tarefas, e já havia uma multidão se aglomerando em ambos os planos de vida, na porta da Casa. Na matéria física, os passeios e parte da rua estavam tomados por gente faminta de apoio e orientação.

Muitos encarnados ali presentes já tinham sido atendidos ou ainda seriam no plano espiritual das nossas atividades na Casa da Piedade. Havia uma ponte construída para ligar as frentes de serviço das duas casas com uma perfeita sinergia. E essa ponte não era imaginária, era real, uma construção feita no astral para facilitar o deslocamento entre ambas com segurança. Seria por ela que passariam os nossos pacientes internos naquela noite, para receber socorro especializado, com dosagens ajustadas de ectoplasma dos médiuns, na Casa da Fraternidade.

Ao entrarmos vimos que, em extenso corredor, enfileiravam-se os desencarnados vindos de várias partes e que também seriam atendidos ali. Alguns leitos estavam reservados às nossas atividades e nos dirigimos para eles. Entre quase quinhentos leitos disponíveis, 75 casos estavam ligados à Casa da Piedade naquela noite. Já houve ocasião de atendermos mais de duzentos casos em uma só noite. Em períodos críticos, como no carnaval, por exemplo, a Casa da Fraternidade abre seus atendimentos normalmente e a lotação é sempre extrapolada.

Doutor Inácio Ferreira foi o primeiro médico que avistamos. Estava debruçado sobre uma paciente, fazendo uma auscultação. Era Hilda, que após sua tentativa frustrada de suicídio, tinha sido devidamente transportada para o ambiente astral do centro espírita desde as primeiras horas da tarde daquele dia e aguardava para ser auxiliada.

Chegamos em silêncio e tão logo ele pôde nos cumprimentar disse:

Boa noite a vocês. Que bom terem chegado!

Boa noite doutor – o cumprimentamos, Carminha e eu.

Pai João, tudo está em impecável ordem por aqui. Pelo menos até agora!

Que boa notícia, doutor!

Impressiona-me o coração dessa mulher! Ela não vai morrer – disse ele referindo-se a Hilda.

Graças a Deus, doutor! O deslocamento dela para cá não trouxe nenhum agravante?

Não. Ao ser trazida para mais perto do ambiente terreno, a diferença vibratória de alguma forma tonificou o corpo dela que está em coma no Hospital João XXIII.

Glória a Deus! Que benção! Isso é tão raro. Habitualmente, em tais casos, ocorre exatamente o oposto.

Hilda tem muita força física e isso está sendo fundamental. Fosse uma mulher com mais idade e as coisas poderiam se complicar. Acabei de auscultar seus corpos profundos. A energia de seu corpo mental inferior expandiu ondas vigorosas na direção do corpo físico desde que foi transportada para cá. É como se ele procurasse ou chamasse o corpo físico a reagir. É o instinto de conservação no que há de mais divino, oferecendo a energia da vida, para que a matéria se recomponha. Uma boa dose extra de ectoplasma no contato com o médium, e o seu mental inferior poderá atingir a cota necessária para expandir ao corpo físico a energia indispensável a uma melhora orgânica. Quem sabe, até mesmo a saída do quadro de coma.

Benzadeus! – expressei com emoção.

Pai João, precisaremos de muita atenção no caso de Laerte que está mais morto que Hilda, que ainda vive – expressou doutor Inácio com bom humor.

Como ele está?

Febril. Com pesadelos intermináveis e completamente apagado pela sedação.

Carminha e eu vamos dar um apoio a ele.

Laerte estava deitado em leito próximo. Chegamos bem perto, saudamos os enfermeiros presentes e quando nos preparávamos para verificar seu campo mental fomos surpreendidos pelo seu estado. Impressionava-nos a cor dele. Parecia ser feito de ouro. Todo amarelo, em tom muito reluzente. Principalmente o seu rosto estava como daquelas pessoas que se pintam para se exibirem como estátuas vivas em praças públicas, totalmente brilhante, em tom de ouro. Carminha estava aturdida.

Pai João! O que é isso? O que passaram nele para ficar assim.

Não passaram nada, Carminha.

Meu Deus! Parece uma estátua de ouro!

Sim, Carminha, é isso mesmo. Isso ocorre em função do drama dele.

O dinheiro? Nossa! Não havia imaginado essa relação, mesmo sabendo da história de sovinice dele.

Chegue sua mente perto da dele, Carminha. Ausculte!

Eu, pai?

Sim, vá se acostumando a ver o espírito por dentro.

Então, vamos lá! – E a enfermeira fez o procedimento mental com habilidade.

O que você vê?

Parece que o cérebro dele é um tapete de notas e papéis de valor financeiro.

Aprofunde-se mais.

Vejo um trono. Pai João, estou vendo ou imaginando isso?

Quem está no trono?

O Laerte. O rosto é dele, mas em corpo e roupagem diferente.

Isso mesmo. Consegue identificar a data?

Século XIV. Seu nome é dom Fernando I de Portugal.[1]

Isso mesmo Carminha. Sua leitura mental está muito fiel. Ele foi um homem muito ligado à expansão mercantil. Foi uma reencarnação razoavelmente bem-sucedida, entretanto as outras que vieram depois nem tanto.

Eu o vejo em outros tempos.

Melhor não olhar mais. Entendeu a razão dessa cor amarela?

O ouro toma conta da mente e dos interesses de Laerte. E isso tem relação com o mau humor crônico que ele tem?

Totalmente. Lembra-se das nossas reflexões sobre carência?

Então a ambição tem uma relação com ela?

Sim. É o apego doentio aos bens materiais.

É uma forma de suprir o vazio – completou Carminha demonstrando seu aprendizado.

Isso mesmo, minha filha. A ganância, no caso dele, dilacera o humor porque o centro das suas atenções emocionais passa a ser a posse de bens e não as pessoas e as relações. Ele se identifica tanto com essa realização que confunde sua identidade emocional com a quantidade daquilo que

---

[1] D. Fernando I, nono rei de Portugal, (1345 – 1383). Era filho do rei D. Pedro I de Portugal e de sua mulher, a princesa D. Constança de Castela. Sucedeu a seu pai em 1367.

possui, submetendo-se a uma jornada infeliz de medo, insegurança e irritação.

Mesmo sendo espírita, é tão apegado!?

Nem tão apegado assim era Laerte.

Não?

A ganância tem muitos caminhos além do apego. Laerte é muito interesseiro e controlador. Foi assim a vida inteira e já age assim há algumas vidas. No seu caso, a quantidade do que se possui tem relação direta com o poder para atender seus interesses pessoais e tentar fazer a vida e as pessoas girarem em torno de suas concepções.

As próprias atividades espíritas das quais ele participava dando ajuda financeira, em sua concepção egoísta, serviriam de passe para entrar em Nosso Lar. Lembra-se de suas primeiras queixas na Casa da Piedade?

É verdade. Parecia um rei, com o perdão da palavra!

Laerte acha que pode tudo em função do quanto possui e toda vez que é contrariado em seus objetivos ele se desestrutura profundamente e seu mau humor se reforça.

Nesse momento então, a morte para ele é como uma lâmina ceifadora!

Muito apropriada sua figura de linguagem. A primeira e grande decepção foi não ter encontrado por aqui o plano espiritual que ele idealizou.

O senhor me perdoe de falar assim, mas eu acho que ainda tem muito espírita fazendo negócios com Deus! Sem desejar ser impiedosa, ele imaginou poder comprar Nosso Lar.

Não se acanhe em falar, Carminha. Não poderia ser diferente depois de tantos séculos de uma religião que nos ensinou que isso seria viável. Isso tem acontecido a todos nós, principalmente nesses últimos dois milênios da Era Cristã.

Fato, Pai João! Mas, sei lá, parece que os espíritas ainda são piores! Perdoe-me o julgamento!

Você não deixa de ter alguma razão, mas não se trata de ser pior ou melhor. Com o conhecimento que recebemos do Espiritismo já seria possível que as ilusões tivessem menos impacto em nossa intimidade, mas, infelizmente, nem sempre é assim.

Atualmente uma das maiores dificuldades perante o desencarne, para muitos de nossos irmãos espíritas, é se olhar frente a frente após a retirada do corpo físico. Encontram aqui um plano espiritual completamente diverso daquele que conceberam e a adaptação costuma ser extremamente penosa.

Nas batalhas de adaptação desses companheiros, se apresentam dois pontos rotineiros.

O primeiro é ter de conviver com uma noção de Espiritismo diversificado e com segmentação ainda mais ampla do que a encontrada no mundo físico. Temos então a soberba intelectual, muito conhecimento doutrinário e uma alma vazia de paz. Muita informação espírita e pouca transformação na conduta.

O segundo é ter de aceitar que a liberdade é utilizada por muitos para impor sua forma de pensar. A doutrina no mundo físico não está mais disponível do lado de cá, não importando quanto aval eles imaginam ter, proveniente de seus currículos de serviços prestados à comunidade espírita e a larga bagagem de conhecimento. Encontramos aqui o idealismo pretensioso sustentado pelo orgulho e pela vaidade, que são expressões de condutas milenares no campo religioso.

O importante é que tenhamos muita compaixão e amor por Laerte. Todos, de alguma forma, necessitamos de bondade e apoio.

Eu sinto isso, Pai João. Quero ajudá-lo no que for possível.

Vamos então prestar nosso auxílio, minha filha. Imante-se novamente ao campo mental de Laerte e faça uma varredura nas imagens mentais que estiverem mais soltas. Livre-o desse peso energético e mental.

Carminha deu continuidade ao atendimento com profundo afeto ao paciente e logo observamos um recuo na coloração amarela que, de reluzente, passou a um tom opaco, lembrando mais os quadros de uma hepatite avançada.

Logo a seguir chegou doutor Inácio e disse:

Estamos com tudo pronto. Vai começar a sessão mediúnica no mundo físico.

Após o preparo habitual, o grupo de trabalhadores encarnados da reunião mediúnica abriu seu campo mental ao transe.

Laerte, Hilda e mais oito casos gravíssimos estavam deitados nas macas enfileiradas no plano espiritual da tarefa. Estes foram os casos selecionados para atendimentos mais diretos naquele grupo mediúnico. A Casa da Fraternidade contava com vários grupos trabalhando simultaneamente.

Sob a orientação do instrutor Bessa, diretor espiritual dos trabalhos, dois enfermeiros atentos levaram a maca de Hilda para mais perto de onde estava assentada uma médium. Ela começou a se contorcer, esclarecendo que sentia dores e pontadas no coração. Quanto mais ela detalhava seu estado mental e emocional, mais os corpos sutis de Hilda eram puxados para perto da organização física da médium.

Por fim, ela absorveu o campo energético da paciente puxando-a literalmente, de uma só vez, da maca para incorporar em seu campo mediúnico como um ímã que atrai a limalha de ferro.

A médium, confusa e sem identificar os detalhes do processo, deixou a comunicante falar aos dirigentes no plano físico:

Eu tripudiei com a vida. Não sou uma mulher que presta.

E batia a mão como no gesto de fincar a lâmina sobre o coração.

Qual seu nome, minha filha? – indagou o dirigente com carinho.

Chamo-me Hilda. Matei a mim mesma porque acreditei no amor de quem não valia a pena.

Ninguém morre, Hilda. Você perdeu seu corpo, mas a alma nunca deixa de existir.

Eis o problema: não sei em que lugar estou, mas sei que ainda não larguei a matéria. Às vezes me vejo totalmente inerte em um hospital que não consigo identificar.

Essas percepções podem ser apenas recordações plasmadas.

E se não for? Eu tenho conhecimento espiritual e sei que em casos como o meu eu deveria estar presenciando o meu corpo se decompondo no túmulo. É o que mereço!

Cada caso se desdobra de um jeito e nem sempre isso acontece a quem se mata, minha filha. Entretanto, nós vamos ajudá-la, não importa a condição em que você se encontre. Partimos do princípio de que, se foi trazida aqui em nome de nosso Mestre Jesus, as esperanças devem ser as melhores.

Eu estou confusa, mas aceito sua ajuda. Não sei onde estou e nem o que me acontece, não sei se estou dormindo ou sedada. Estou com a cabeça muito zonza e com sensação de sono profundo.

O dirigente solicitou que dois médiuns passistas se aproximassem da médium incorporada e aplicassem forças ectoplasmáticas.

Após o passe, os dois doadores sentiram imediato desgaste, tamanho o volume de energias sugadas por Hilda no atendimento, por meio da incorporação. Um deles, recebendo intuição de doutor Inácio, disse ao grupo na mesa.

Essa mulher não morreu. Um espírito amigo me informa que ela está em coma no Hospital João XXIII. Ela tentou suicídio e ainda não desencarnou – disse a médium ainda na faixa de sintonia do trabalho.

Peça ao amigo espiritual alguma recomendação – solicitou o dirigente.

Ele me diz que precisamos de mais dois médiuns para uma nova doação de ectoplasma porque estão tentando retirá-la do coma nesse momento.

O dirigente encaminhou mais dois médiuns que se prontificaram a ajudar e, como tinham características de doadores e também de saneadores de energias deletérias, fizeram um serviço de limpeza impecável no perispírito da enferma, puxando para si toda a matéria mental doentia que era expelida pela mente de Hilda, em função do estado culposo e do desespero em que se encontrava minutos antes de tentar o suicídio.

Doutor Inácio recebeu notícias instantâneas da administração espiritual do Hospital João XXIII por meio de comunicação eletrônica com a Casa da Fraternidade: o quadro clínico de Hilda manifestou rapidamente os benefícios do tratamento, embora ainda estivesse em coma. O trabalho foi feito de forma simples, rápida e eficaz. As esperanças eram muitas em favor da irmã que atentou contra a própria vida.

Depois de alguns atendimentos bem graves a outras entidades, chegava a vez de Laerte, que foi colocado, totalmente inconsciente, sob efeito sedativo, próximo a outro médium, que logo se manifestou:

Sou um homem incompreendido. Parece que sou acusado o tempo todo pelas pessoas. Ninguém entende os meus esforços.

Isso o assusta, amigo? – interrogou o dirigente.

Quem está falando comigo?

Sou eu, o dirigente da reunião mediúnica em que você está sendo atendido.

Não sei como você veio parar aqui, mas não o conheço e não lhe devo satisfações. Algum problema?

Não amigo, nenhum problema!

E não me chame de amigo porque eu não o conheço. Amigos na minha vida são raros. O que as pessoas têm é muito interesse no meu poder.

Você é tão poderoso assim?

Mais do que você pode imaginar.

Posso saber qual a razão de tanto poder?

Sou poderoso porque tenho muito dinheiro e posso controlar e adquirir o que quiser, até mesmo a vida no mundo dos espíritos.

Então você reconhece que existe um mundo espiritual?

Claro que sim. Acha que sou ignorante?

Não, de forma alguma. Eu não o conheço, portanto não poderia pensar isso. E você tem consciência sobre como chegou aqui?

Está maluco?

Por que maluco?

Você é que apareceu aqui de repente onde eu estou e não o contrário.

Então, você não sabe onde está?

Eu é que pergunto!

Eu estou na Casa da Fraternidade, no bairro Floresta em Belo Horizonte, capital mineira. E você?

Você é maluco mesmo! De onde você tirou essa Casa da Fraternidade?

Então me diga, onde estamos?

Estamos em Portugal no solar dos grandes e poderosos.

Portugal?

Sim, alguma dúvida?

Não, não é dúvida.

Assim que o dirigente entendeu a situação de Laerte, orientou o mesmo procedimento de doação energética e, utilizando-se de pulsos apométricos aplicados sobre o corpo do médium incorporado, levou-o a um estado de relaxamento. Vimos que aquela matéria amarela que cobria seu corpo espiritual se dissolvia, pingando em espessas gotas que ficavam retidas no corpo do médium. Na medida em que mais pulsos eram aplicados, a limpeza se acentuava, até que o corpo perispiritual de Laerte ficou completamente limpo.

O contato com a matéria física é um santo remédio. É como se acontecesse uma reencarnação de alguns minutos na qual o corpo físico do médium, por meio de uma metamorfose natural, processasse todas as constituições atômicas daquela matéria nociva, transformando-a em algo diferenciado. Nada no mundo dos espíritos se iguala ao poder de transmutação das energias do corpo físico. Ele funciona como uma usina poderosa capaz de armazenar, distribuir, alterar, agregar e dissolver a estrutura de qualquer nível de matéria espiritual mais próxima da faixa vibracional da Terra. É uma aparelhagem sem igual em nosso plano espiritual.

Laerte tinha sua fisionomia remoçada ao livrar-se daquela capa amarela e assim que o trabalho terminou ele foi retirado da sala mediúnica e transportado, imediatamente, por enfermeiros prestimosos, para a Casa da Piedade.

Após o atendimento, Hilda foi levada para o Hospital João XXIII. A junção de seu perispírito com seu corpo mental inferior que estava em tratamento na Casa da Piedade seria processada nas horas seguintes da madrugada. Isso representava a esperança de saída do coma pela manhã ou ao longo do dia seguinte.

Doutor Inácio recomendou vigilância armada vinte e quatro horas no astral do Hospital João XXIII, ao lado do seu leito, para evitar as influências magnéticas de vampirizadores que aguardavam ansiosamente pela sua morte, a fim de sugarem as energias vitais inerentes ao seu corpo físico.

As tarefas na Casa da Fraternidade eram de um alcance espiritual tão amplo que exigiriam livros e mais livros para narrar os trabalhos de cada noite de assistência. Quando já passavam das vinte e duas horas, reunimos nossa equipe espiritual para uma oração de agradecimento e, em seguida, dirigimo-nos a pé para a Casa da Piedade em conversa proveitosa com doutor Inácio e outros amigos queridos. Foi Carminha quem puxou o assunto:

Doutor Inácio, por que no atendimento dado a Laerte em nosso posto de socorro ele não teve essas lembranças do passado que manifestou tão espontaneamente na Casa da Piedade?

As lembranças foram despertadas pelo contato com as energias do mundo físico em seu perispírito. Ele as sentiu de forma mais impactante ao ficar próximo do corpo do médium e ao receber a doação ectoplasmática dos passistas. O ambiente da reunião mediúnica estimula esse tipo de sensação nos corpos mais sutis dos desencarnados.

E por que ele se lembrou de Portugal?

Foi uma reencarnação nuclear em se tratando de estruturação do traço moral que trouxe tantas dores a Laerte. Foi nessa vida que sua mente arquivou e passou a desenvolver ostensivamente a conduta do apego a posses e bens como fonte de poder e compensação afetiva.

As lembranças dependem da influência que os atos tiveram na memória. No *Livro dos espíritos* encontramos a explicação para esse fato quando os amigos espirituais nos dizem que o espírito não se recorda, de modo absoluto, de todos os seus atos, mas que se lembra deles de acordo com a influência que tiveram na criação do seu estado mental atual.

Ele estaria preso, então, às recordações dessa época em Portugal, mesmo durante a sua reencarnação posterior?

Correto. Não foi outro o motivo de seu humor completamente alterado e de sua conduta arrogante e grosseira. Ele se sentia como o rei que foi no passado e esse sentimento moldou sua forma de pensar e de agir. Sentia-se um rei, mas ninguém o tratava assim, sentia-se superior e ninguém reconhecia essa superioridade, então, essa contrariedade a respeito do reconhecimento esperado e não obtido incendiava o seu humor. A solução que ele encontrou, na irracionalidade do seu pensamento, foi acumular bens, mostrar-se poderoso pelo tanto de riquezas que tinha. Era assim que se sentia Fernando I, embora naquela reencarnação ele usufruísse do reconhecimento de sua autoridade e poder.

Embora ele fosse Laerte ainda agia como Fernando I?

Exatamente. Sua mente está muito presa ao passado.

Doutor Inácio, passou um pensamento pela minha cabeça agora.

Você pensa demais, Carminha! (risos)

Penso mesmo, doutor. Fiquei aqui imaginando que se isso acontece com Laerte, poderia ser a explicação para que eu tenha desejos estranhos em relação à vida material?

Que desejos, Carminha?

Muitos desejos de natureza humana.

Como, por exemplo...

Comer uma sobremesa que minha avô fazia. Uma delícia!

Todos nós rimos de sua fala e do jeito curioso com que ela se expressou.

Ainda bem que os seus desejos são esses, pois nem posso falar dos meus!

A constituição atômica da matéria física, Carminha, é uma obra de arte sem imitação na vida espiritual. A tabela periódica da química humana é um dos mais belos tesouros da criação. Os gases, os metais e os líquidos na dimensão física são uma expressão da grandeza celeste. Para quem desencarnou, a força terapêutica dessa matéria física é indispensável.

Não só os seus desejos e os meus são, de alguma forma, influenciados por esse nível de energia, mas todo aquele que se aproxima das faixas vibratórias do planeta recebe essa influência.

Alguns fazem dela remédio, como nos casos aqui presenciados essa noite, onde médiuns oferecem sua energia física para curar corpos mais sutis de pacientes que nem conhecem. Outros utilizam dessa mesma matéria energética para fins infelizes, alimentando ilusões e mantendo cativos muitos desencarnados que trouxeram para cá os instintos primários e o apego desordenado às sensações mantidas no fundo de seus interesses.

O corpo físico é, sem dúvida alguma, uma obra divina, uma fonte de poder sem comparação. Muitos médiuns, aliás, que não apresentam qualidades morais nobres, por si só, já prestam enorme serviço de amparo a multidões de desencarnados pelo simples fato de emprestarem suas organizações físicas aos serviços de socorro.

Que lindo, doutor Inácio!

Lindo não, divino!

Nossa! Mediunidade, eis um capítulo do meu aprendizado espiritual no qual tenho enorme curiosidade, doutor Inácio!

Mediunidade não é um capítulo, é um livro. (risos)

Naquela noite tínhamos prestado assistência a um espírito ainda ligado na matéria, Hilda, e a um desencarnado, Laerte. Nenhum dos dois se enquadrava no gênero clássico dos espíritos sofredores atendidos nas reuniões mediúnicas. Em grupos menos preparados ou desatentos, o fato de Hilda estar ainda encarnada não seria percebido através das nuanças registradas pelos médiuns da Casa da Fraternidade. Retomando o assunto, Carminha perguntou:

Isso depende de preparo, doutor Inácio?

Depende de vivência com desencarnados e de sensibilidade com as questões da alma.

Entre os grupos afeiçoados aos serviços da mediunidade no mundo físico, o estudo e o esclarecimento vêm sendo mais valorizado do que a vivência nos dias de hoje.

O estudo é necessário, mas a questão é que um assunto como mediunidade não pode ser enquadrado em padrões e conceitos definitivos, estabelecidos pelo que já foi aprendido até o momento. Isso estrangula o que há de mais rico no exercício mediúnico que é a sintonia fina e a verdade sobre a realidade do mundo extrafísico, que serão o canal pelo qual novos aprendizados e lições poderão ser desenvolvidos.

Doutor, pode me explicar isso melhor? O que é sensibilidade com as questões da alma?

O que sabem esses médiuns, que hoje prestaram esse serviço abençoado a Laerte e Hilda, sobre a natureza das doenças que os atingem?

Eles conseguiram filtrar muitas verdades, tais como o fato de que Hilda tentou o suicídio e de que Laerte está gravemente doente. No meu entendimento, foram bons filtros.

Se soubessem algo mais sobre a doença matriz que atingiu nossos irmãos poderiam ser mais úteis ainda.

A carência?

Sim, Carminha.

> Essa sensibilidade com as questões da alma é um entendimento mais maduro a respeito das dores humanas, da natureza psíquica e emocional que os espíritos expressam em suas manifestações pela mediunidade.

> Para isso, os médiuns e todos os trabalhadores da mediunidade necessitam de maior elasticidade de autoconhecimento e um nível mais elevado de consciência emocional.

> A carência, por exemplo, é sentida por muitos médiuns da forma como é sentida pela grande maioria das pessoas, como um vazio existencial, uma ausência de

sentimentos. Os médiuns farão uma filtragem clara de conformidade com seu nível de honestidade emocional.

Essa a razão de estimularmos que, além de teoria e esclarecimento doutrinário, haja iniciativas individuais ou grupais para que os médiuns ampliem sua educação emocional.

E isso facilitaria mais a tarefa mediúnica?

Certamente. E não só fariam uma melhor filtragem da realidade que atinge o socorrido, como também teriam dimensões mais nítidas das possibilidades do que pode acontecer ao espírito após a morte.

Dou como exemplo disso o caso de Hilda. Por falta de um maior nível de sensibilidade emocional dos médiuns, ela seria tratada dentro de um padrão. Abordariam seu caso dentro da ótica do que acontece a boa parte dos suicidas, e perderiam a oportunidade de entender a sua história real que, não só ainda está encarnada, como também não precisa exatamente de um discurso carregado de orientações básicas que ela já sabe e que de muito pouco lhe serviu.

Os médiuns que atenderam Hilda e Laerte também padecem da doença da carência?

E acaso existe algum médium que não padece dessa doença?

É verdade, doutor Inácio?

A rigor, com raras exceções, os médiuns são portadores de um sistema mental dilacerado, ou seja, enfermo.

A base dessa enfermidade é a doença que todos nós desenvolvemos: o egoísmo. O egoísmo que lhes dilacerou os centros mentais da inteligência e da emoção. Com uma mente tão alterada e confusa, a mediunidade lhes é emprestada com intuitos de ser uma medicação capaz de colocar o médium em contato com todo o seu sombrio interior, sem desestruturar completamente sua vida psicológica.

Os médiuns sofrem muito na vida mental, doutor?

Os médiuns? Bom! Eu diria que são loucos controlados. São espíritos carentes de si mesmos. Carentes de amor e alegria, realização e paz.

E vão passar uma vida inteira assim nessa prova?

De forma alguma! A menos que escolham não dar nenhuma atenção aos seus talentos e nada fazer pela sua própria melhoria espiritual.

Um médium não é aquilo que ele produz mediunicamente, ao contrário, sua produção depende de *quem* ele é. Um médium que se identifique a tal ponto com sua mediunidade, que deposita nela toda a sua importância e valor como ser humano, está expressando seu nível de imaturidade emocional ou, mais propriamente, sua carência afetiva. No caso, ele se identifica com *o que* ele é, um papel, uma tarefa.

Nos primeiros anos do exercício mediúnico isso é bastante provável e até natural de acontecer. Quase sem exceção, os médiuns são espíritos com elevado nível de carência e com um psiquismo por ajustar. Com o passar do tempo, é desejável que ele aprimore sua condição moral e emocional, saindo desse personalismo desenfreado.

Entretanto, quando os anos passam e o médium não incrementa seu processo de amadurecimento psicológico e emotivo, agindo como um pavão desejoso da atenção e da admiração alheia, ele deixa claro que pode estar sendo um bom instrumento do mundo espiritual sem, no entanto, aproveitar a oportunidade abençoada da mediunidade exercida com amor e abnegação para sua libertação pessoal.

Nesse contexto, a mediunidade e seu exercício se transformam nos pilares da estima de um médium, e ele está comprovando o nível de sua carência afetiva, trocando papéis por realização interior. Ele se limita ao que realiza sem avançar no quem de fato ele é. Infelizmente tem muito médium se achando importante porque é médium. Isso só lhe serve de mais tormenta. É a lenha do orgulho na fogueira do egoísmo.

Após essa conversa instrutiva, enquanto voltávamos andando para nossa casa de tarefas, chegamos ao nosso destino quando já era tarde da noite. Cada um de nós assumiu tarefas diversas e, durante a madrugada, após vencer mais um plantão de amor e assistência, fui me recolher para o refazimento, antes de dar cumprimento a outras atividades que me aguardavam.

7

RESPONDENDO AOS MEUS IRMÃOS DE CAMINHADA

> "Podem dois seres, que se conheceram e estimaram, encontrar-se noutra existência corporal e reconhecer-se? Reconhecer-se, não. Podem, porém, sentir-se atraídos um para o outro. E, frequentemente, diversa não é a causa de íntimas ligações fundadas em sincera afeição. Um do outro, dois seres se aproximam devido a circunstâncias aparentemente fortuitas, mas que na realidade resultam da atração de dois Espíritos, que se buscam reciprocamente por entre a multidão."
>
> O livro dos espíritos, questão 386.

Estava em meu quarto reunindo as várias perguntas a mim enviadas pelos amigos do mundo físico, que se utilizam das redes sociais[1] para o diálogo e a troca de experiências. Eram centenas de perguntas a serem examinadas. Antes, porém, de iniciar a atividade, minha mente voou em direção a algumas reflexões.

Pensava no assunto das dores humanas apresentadas pelos pacientes que foram atendidos naqueles dias. Todos tinham suas origens na carência afetiva.

Hanna entristeceu-se perante a vida e submeteu-se às ciladas emocionais, produzindo uma terrível doença agravada com o vício alcoólico e com a inconformação.

---

[1] Essas perguntas, dirigidas ao autor espiritual, foram feitas através das redes sociais do médium Wanderley Oliveira, que as organizou para que Pai João, oportunamente, pudesse respondê-las. (NE).

Hilda fechou-se afetivamente tombando nos braços cruéis da mágoa que a lançou no desvalor pessoal intenso e descontrolado.

Laerte aprisionou-se na imaturidade emocional e adotou a autoimagem como trampolim de realização pessoal, secando seu espírito de afeto e congestionando sua cabeça com o delírio da posse.

Irene despertou para suas necessidades por meio da dor e abriu as portas para um aprendizado de amadurecimento. Nela residia o exemplo de alguém que pudesse, enquanto encarnado, transformar a dor do vazio em roteiro seguro e motivador para sua vida.

Experiências e caminhos diversos, mas a mesma doença espiritual. O fruto amargo de nossa velha ilusão no egoísmo, trazendo de retorno as extensas necessidades de afeto.

Veio então em minha mente, de forma clara, a passagem do Filho Pródigo. Peguei minha Bíblia e fui ler em Lucas, capítulo quinze, versículo quatorze: "E, havendo ele gastado tudo, houve naquela terra uma grande fome, e começou a padecer necessidades."

O filho que largou a casa do Pai é a representação de cada um de nós em nosso afastamento de nossa raiz divina e de nossa essência. Largamos o nosso eixo de equilíbrio para gastar tudo pelo caminho das existências infelizes, esbanjar os bens divinos que deveríamos desenvolver no bem e na luz. Daí o resultado inevitável: o padecimento de necessidades no campo da carência afetiva.

Na sequência da passagem evangélica, no capítulo quinze, versículo dezessete, o apóstolo diz: "E, caindo em si, disse: Quantos trabalhadores de meu Pai têm abundância de pão, e eu aqui pereço de fome!".

Hoje estamos assim, voltados a nós mesmos, compreendendo a nossa real situação, começando a realizar um trajeto consciencial das nossas necessidades e identificando nossa fome de amor.

Fica claro nessa passagem qual é o sentimento predominante de quem tem fome de amor, do ser que se sente preso, incapaz e distante de usufruí-lo: o sentimento de indignidade, como escreve Lucas, no capítulo quinze, versículo dezenove: "Já não sou digno de ser chamado teu filho; faze-me como um dos teus trabalhadores."

Além de carentes do alimento divino, sentimo-nos indignos dele ao começar a procurá-lo e desejá-lo. Não bastasse a dor do vazio, experimentamos ainda essa sensação de não merecermos o melhor.

Hanna, Hilda, Laerte e Irene sentiam-se assim. Vazios, desejando resolver suas angústias, todavia com a profunda dor do não merecimento.

Hanna escolheu a ilusão da dependência afetiva e da terceirização de sua felicidade colocando-a como de competência de Raul, padecendo ao mesmo tempo da ideia de não merecer o amor da família.

Hilda acreditou que enfraqueceria com tais sentimentos e, no seu descontrole, achou que não merecia viver.

Laerte enganou a si mesmo tentando se preencher com valores passageiros por não se sentir credor de uma vida alegre e vitalizada pelo afeto.

Irene, descrente de suas escolhas afetivas no casamento, viveu uma loucura passageira por negar agressivamente a ideia de que merecia um amor de verdade.

Só mesmo com muito carinho e acolhimento nós poderíamos tratar tais casos e ajudá-los a traçar os caminhos para que eles se resgatassem. Somente dedicando a eles um amor muito compassivo e terno encontrariam forças para recomeçar seu trajeto de volta ao Pai.

E essa é a postura do Pai na passagem evangélica e também expressa nas leis naturais da vida, narrada no capítulo quinze, versículo vinte: "[...] e, quando ainda estava longe, viu-o seu Pai, e se moveu de íntima compaixão e, correndo, lançou-se-lhe ao pescoço e o beijou."

Hanna, Hilda, Laerte e Irene estavam longe de conquistar a felicidade. Nosso papel como educadores, em sintonia com a lei universal do amor, é a de nos movermos de íntima compaixão por suas dores, amá-los como são e como estão, sem nada lhes cobrar.

A reflexão em torno da passagem do Filho Pródigo trouxe-me algumas lágrimas, porém, senti-me profundamente renovado nas forças e disposto a responder às perguntas que me foram dirigidas.

Na rede social em que chegaram as perguntas, o médium que as recebeu fez questão de guardar a foto e nome dos entrevistadores.

Passei o olhar sobre os nomes, os temas e as fisionomias e resolvi que as responderia como gosta o povo, como preto-velho, adotando um pouco do estilo e o linguajar das entidades afro-brasileiras que tanto sensibiliza, conforta e alivia as pessoas. A fé das pessoas cria uma ressonância vibratória e um patamar de energias mais amplo quando um preto-velho lhes fala ao coração.

Passei então a respondê-las em clima de intimidade afetiva tratando os meus entrevistadores como filhos amados e sem qualquer pretensão de dar respostas definitivas, apenas refletir e refletir, nada mais.

Vamos então às respostas para as perguntas:

Pai João, não consigo ter bons relacionamentos. Será que tenho algum obsessor que me atrapalha?

Sim, *muzanfio*! Algumas pessoas são usadas por obsessores *pra atormentá* e *causá* problemas na sua convivência com os outros.

Mas tome o cuidado de *num adotá* a irresponsabilidade na condução de suas relações, como se eles fossem os únicos responsáveis pelo que *vosmecê* faz ou sente em relação a alguém.

A pessoa usada pelos obsessores *pra atormentá* alguém é totalmente responsável pelo que sente ou faz, venha ou *num* venha de obsessores. Essa é a verdade.

Pensando assim, fica fácil *concluí* que *num* é justo *responsabilizá eles* pelos insucessos de seus relacionamentos. Mude seu foco e procure *sabê* o que há em *vosmecê* que cria barreiras *pras* amizade e *pra* vivência do afeto espontâneo. Ouça as críticas que *te* fazem, pois nelas vai *encontrá* ótimas pistas sobre suas necessidades e condutas na vida.

Pai, queria saber se vim com algum problema cármico ou espiritual, porque não consigo um bom relacionamento afetivo com ninguém. Será que vim para ficar sozinho?

Existem pessoas, *muzanfio*, com temperamento compulsivo, repleto de costumes dos quais *num qué* abrir mão, como por exemplo, o orgulhoso, o agressivo, o controlador e o ciumento.

Quem possui um temperamento assim *num* precisa de nenhum projeto cármico ou limitação espiritual *pra tê* dificuldade na convivência. Com esse jeito de *sê* a própria pessoa vai *azará* qualquer relação que *aparecê*.

Olhe *pra vosmecê* e *miori* seu íntimo se *qué* pessoas *boa* à sua volta. Existem leis energéticas que comandam esse contexto na vida de todos *nóis* e *tão* acima de qualquer planejamento reencarnatório que *temos* feito no mundo espiritual.

Pai João, querido, será que vou casar?

Fiinha de Deus, melhor do que *casá* é *sê* feliz. Por que a *fia* tem tanta necessidade de *sabê* se vai *casá*? Medo de *ficá* só? Vontade de *tê fios*? *Pra num* sofrer na condição de *sorterona*? Ou *pruquê qué* saí da casa dos pais?

Podi sê tanto os motivo, num é, fia? O que os *fios* na Terra mais *precisa* é *pensá pruquê* querem as coisas. Descobrir por que acham que tem de *casá e entendê* qual o objetivo de um casamento.

Ao *fazê* essa reflexão é possível *encontrá* razões que façam *vosmecês* se sentir frágeis, pequenos e talvez *inté senti* vergonha dos *motivo* que *levô vosmecê* a desejar o casamento.

Poucas pessoas *qué casá* única e exclusivamente *pra avançá* nas experiências do amor na jornada da vida. *Casá* por obrigação social pode *sê* o comum.

Quem pensa seriamente no que *qué* a respeito do ato sagrado de *casá* pode *chegá* a conclusões muito importantes, e algumas delas podem até lhes *fazê* desistir dessa intenção.

Pense nisso *fia* e não se vai se *casá* ou não no futuro.

Preto-Velho, conheci uma pessoa que mexeu muito comigo, isso é um reencontro?

Pode *sê* que sim, *muzanfio*. Mas mesmo que seja, fique sabendo que reencontrar alguém *num* é sinônimo de que as coisas vão dar certo ou de que isso foi planejado no mundo espiritual *pra acontecê*.

Algumas pessoas afirmam: "ela é minha alma gêmea", "ela é a mulher dos meus sonhos", "tivemos uma atração tão forte que tenho certeza de que foi um reencontro de outras vidas". Essas frases expressam aquele momento de paixão instantânea na qual, de fato, muitos de *vosmecês* podem *está* reatando velhos laços de outras vidas. O que pouca gente sabe é que esse "doce encantamento", termo usado por Emmanuel, no livro *Vida e sexo*, é resultado de um laço afetivo profundo que pode ter sido construído no amor e na dor.

No primeiro momento dessa atração tão forte o que prevalece são os sonhos e aspirações de amor, a atração sexual e as energias da alma que indicam inconscientemente que naquela relação existe algo importante ao crescimento e avanço de *vosmecês*.

Todavia, no conjunto dessas forças gostosas e quase irresistíveis que conduzem à entrega afetiva está também a força de atração dos sombrios de cada um. Já pensou se *o fio* se apaixona por alguém que ainda vive sob o impacto das dores e decepções de outras vidas? Aquele lado emocional pendente entre ambos só vai se *expressá* com o tempo.

Assim, no início, aquilo que em *vosmecê* parecia serenidade passa a *sê* visto como acomodação, preguiça e falta de expediente. Aquilo que nela parecia garra e coragem passa a *sê* visto como cobrança, competição e humilhação.

Uma importante correlação precisa *sê* feita: atração *num* existe apenas para a parte boa dos *muzanfios*. É com base nessa mesma atração do início dos relacionamentos que vamos ao encontro de *véios* compromissos, com aprendizados que temos a *realizá* individualmente. Existe também a atração para os sombrios de cada um.

O reencontro é isso, o compromisso que assumimos a respeito daquilo que vamos *aprendê* uns com os outros na convivência diária.

Lá no *Livro dos espíritos* deixa isso claro quando os amigos do plano maior nos dizem que quando dois *fios* se conhecem e se estimam, pode *sê* que estejam atraídos um para o outro *por causa de que*, em outras vidas, tiveram ligações fundadas em sincera e legítima afeição e que *num* é por acaso que *muzanfios* se buscam por entre a multidão.

Querido preto-velho do meu coração, a sua bênção! Queria saber se meu marido, morto há algum tempo, está dentro de nossa casa. Têm acontecido muitas coisas estranhas por aqui.

Que *lorvado seja nossu sinhô Jesum Cristo, muzanfia*!

Fiinha, muitas pessoas *tão* deixando o corpo físico, mas *num tão* deixando a vida material, se desapegando.

Não seria exagero dizer que de dez desencarnes, seis deles configuram quadros no qual o espírito mantém laços de muito apego com alguma situação no mundo material, incluindo seu próprio lar.

Em alguns desses casos, quando conseguimos intervir no processo, o espírito é afastado do ambiente e orientado a aceitar e a buscar os interesses da vida espiritual. Sempre que isso acontece, todo o grupo familiar encarnado tem uma melhora de vida.

Os casos mais prováveis de acontecer esse quadro de apego à vida terrena são aqueles nos quais, antes mesmo da morte do *fio*, as relações entre ele e a *família* era embasada no ciúme, na ambição e na inveja, sentimentos esses que podem abrir as portas para a perversidade.

Fia, faça orações ou peça ajuda de tarefeiros de sua religião *pra* implantarem o culto do *evangeio* em seu lar, e busquem estudar mais os princípios espíritas *pru* esclarecimento. Essa iniciativa, além de proteger vossa casa, vai trazer mais paz e alegria a todos.

Porque só escolho homens agressivos e mentirosos, Pai João de Angola?

Fiinha, isso só acontece quando temos as mesmas dificuldades que percebemos nos outros.

Faça uma análise sincera e vai *percebê* que a *fia* maltrata a si mesma com agressividade e mentira.

O perfeccionismo, a doença de querer ser perfeito, é uma fonte geradora de cobranças intermináveis. É um chicote que usamos contra *nóis* mesmos. As cobranças, quando percorrem o caminho da rigidez, são verdadeiras agressões aos limites e às forças. Exigir mais do que se suporta é agredir, é formar um piso vibratório *pra* atrair pessoas com o mesmo nível de energias de cólera e agressão.

Já a mentira parece ser uma das mais antigas imperfeições da nossa humanidade. Todos mentimos *pra nóis* mesmos. A estrada do aprimoramento humano consiste exatamente em resgatar nossa autenticidade, nossa verdade pessoal. Como ainda *num* conseguimos um nível de realidade a respeito de nossa individualidade, vamos atrair *pra* perto de *nóis* o lado menos verdadeiro de quem nos cerca.

Ei, Pai João, meu nome é Jeane. Queria saber se macumba pega?

Que *Jesum Cristo proteja vosmecê fia de Deus*. Macumba pega sim, *fia*. Pega em quem descuida de sua proteção e faz por onde *merecê*. Tudo obedece as leis naturais.

Se a *fiinha qué* o mal de alguém ou *num* gosta de alguma pessoa e deseja maus sentimentos *pra* ela, está abrindo a porta do seu coração *pra* entrar energias semelhantes.

Se a *fiinha* busca todo o bem e amor possível que pode *fazê*, então as portas são fechadas *pro* mal que vem de fora.

Esses são os princípios básicos *pra* que uma macumba funcione ou não. Outros fatores e condições dependem do compromisso individual com a lei de causa e efeito, a habilidade do executor da magia e da condição momentânea da vida de quem é o alvo.

A melhor proteção contra a inveja, o mau-olhado e a macumba de *pemba* é a couraça do amor. Amor ao próximo, à vida e, sobretudo, a si mesmo. Quem se ama, aliás, veste um manto de proteção dos mais valorosos.

Pai João, o que aconteceu com minha vida que travou tudo e está muito difícil continuar? Por que para mim tudo é muito difícil?

Muzanfio querido, que Oxalá *te* proteja os caminhos!

A vida tem o nosso ritmo, *nóis* é quem *damo* a ela um sentido.

Vamo falá de *vosmecê, fio*. Existem muitas pessoas que, ao alcançarem suas metas de vida, gastam tanta energia e se consomem tanto, focados no usufruto daquilo que alcançaram, que esquecem que a vida prossegue em contínuo aprendizado e, quando despertam do sono da acomodação, percebem que pararam. Pararam sua vida para *usufruí* apenas, sem nada mais fazer.

A vida, *muzanfio*, é movimento. Quem estaciona para celebrar em excesso, quando percebe, usou tempo demais *pra* si mesmo.

Pense nisso. Quem sabe pode ser útil *pro fio* querido.

Pai João, estou no terceiro casamento e parece que vou ficar sozinha de novo. Será que esses fracassos estavam planejados? Será que tenho uma obsessão?

Fia de Deus, nem tudo é planejado. Aliás, a maior parte dos acontecimentos *num* são previamente planejados. Acontecem em função das escolhas que fazemos e também da viabilidade natural de que aconteçam.

Há nesse assunto um claro exagero quando se enfocam as questões do destino e da programação espiritual.

São muitos os *muzanfios* que escutam frases assim: "esse seu comportamento acontece por conta da influência negativa dos espíritos", "você está ao lado dessa pessoa difícil por carma de outras vidas, suporte até o fim", "você fez essa coisa errada *pruquê* está em obsessão", "essa doença te persegue *pruquê* você fez muito mal a alguém em outra encarnação", enfim, tantas outras falas.

São frases sem amorosidade, sem fraternidade e sem nenhuma proposta educativa. Deixam uma sensação de que nada poderia ou deveria *sê* feito *pra mudá* o rumo dos acontecimentos.

Frases contrárias a qualquer orientação sadia e terapêutica, que podem incentivar a omissão, a submissão e a irresponsabilidade na conivência e até mesmo alguma tragédia. E por que essas orientações continuam? Por orgulho e acomodação. Orgulho de *achá* que, com princípios espíritas ou espiritualistas, pode explicar tudo de errado que acontece, e acomodação em supor que tudo na vida só pode *sê* explicado como carma e obsessão, como se *num* houvesse consequências de nossas ações.

Espero que essas considerações possam ajudar a *fiinha* a entender sobre essas formas de pensar a vida. Existe um leque de sabedoria capaz de explicar as necessidades e dores humanas além de obsessão e carma.

Pai João, minha família não para de brigar. Isso foi programado no mundo espiritual? É carma?

Num existe *famía* programada *pra* se atracar, *fio* de Deus! Existe *famía* programada *pra* aprender junto. Com certeza a agressão é o excesso, é o que vai além daquilo que foi programado em nossa reencarnação. Agressão é escolha e não planejamento.

Você pode *planejá* vir em uma família difícil, isso sim é planejamento. Carma é o que você tem de *vencê* dentro de você nesse contexto planejado, que habilidades vai *desenvolvê pra convivê* melhor nessa *famía*. A agressão *num* faz parte do plano, mas do descuido e da escolha. É fruto dos conflitos íntimos.

O *fio* reflita na questão 259 de *O livro dos espíritos*:

> "Do fato de pertencer ao Espírito a escolha do gênero de provas que deva sofrer, seguir-se-á que todas as tribulações que experimentamos na vida nós as previmos e buscamos?
>
> Todas, não, porque não escolhestes e previstes tudo o que vos sucede no mundo, até às mínimas coisas. Escolhestes apenas o gênero das provações. As particularidades

correm por conta da posição em que vos achais; são, muitas vezes, consequências das vossas próprias ações. Escolhendo, por exemplo, nascer entre malfeitores, sabia o Espírito a que arrastamentos se expunha; ignorava, porém, quais os atos que viria a praticar. Esses atos resultam do exercício da sua vontade, ou do seu livre-arbítrio. Sabe o Espírito que, escolhendo tal caminho, terá que sustentar lutas de determinada espécie; sabe, portanto, de que natureza serão as vicissitudes que se lhe depararão, mas ignora se se verificará este ou aquele êxito."

Pai João, sou espírita e não consigo mudar meus filhos. Sinto-me perdida e fracassada. O que fazer?

Oh *fia*! *Num* fica assim não!

Tem uma frustração que *tá* se tornando rotineira a quem desencarna orientado pelos princípios abençoados do Espiritismo. É o fato de *chegá* do lado de cá com um profundo sentimento de culpa por *num* ter alcançado o objetivo de salvar ou mudar alguém, considerando-se sem êxito na reencarnação, esquecidos de que esse objetivo está deslocado do verdadeiro, que é salvar e mudar a si mesmo. Ninguém, *fiinha,* reencarna para mudar o outro e sim a si mesmo.

Quando se fala em responsabilidade com filhos à luz dos projetos reencarnatórios é necessário considerar que essa responsabilidade é limitada. Ela se restringe a orientar e não a se sentir responsável pelas escolhas de quem foi orientado, no caso dos *fios*.

É uma ilusão achar que podemos mudar alguém. *Num temo* essa capacidade. Podemos *cooperá, incentivá, apoiá*, mas mudança, esforço pessoal e os sentimentos alheios ficam a cargo de cada pessoa.

Veja essa sublime reflexão que *tá* em O *livro dos espíritos*, questão 583:

> "São responsáveis os pais pelo transviamento de um filho que envereda pelo caminho do mal, apesar dos cuidados que lhe dispensaram?
>
> Não; porém, quanto piores forem as propensões do filho, tanto mais pesada é a tarefa e tanto maior o mérito dos pais, se conseguirem desviá-lo do mau caminho."

O merecimento dos pais está no esforço. A escolha de se *desviá* do mal é dos *muzanfios*.

Quanto ao fato da *fiinha* ser espírita isso apenas lhe oferece melhores remédios na cura de suas próprias doenças e na amenização de suas dores perante a vontade de acertar com seus entes queridos.

Muzanfios que são pai ou mãe desliguem-se dessa culpa de *achá* que são responsáveis pelas más escolhas de seus *fios*. Se *vosmecê* deu seu melhor, *num* carregue sobre os ombros a culpa dos fracassos e deslizes pelos quais eles optaram. Isso não é amor. A culpa, necessariamente, não é um sinal indicador de erros e sim de que *vosmecê* precisa *revê* crenças e princípios que orientam sua vida em relação a essas pessoas que ama.

A vida coloca um limite, mesmo entre pessoas que se amam. As más escolhas dos *fios num* são de responsabilidade dos pais e sim deles. Como pais *muzanfios só* vão *podê fazê* algo por isso até certo ponto, depois o assunto pertence a eles. Porém, se *vosmecês ficá* muito disponível e *quisé passá* a limpo a vida de seus *fios,* eles *num* vão crescer e aprender.

Entendam a diferença. Pais que amam continuam sempre com responsabilidades com seus filhos, mas *num* são responsáveis por suas escolhas.

Apoiem e incentivem, mas oriente os *fio* para que eles percebam que quem responderá pelas consequências das escolhas são eles próprios.

Pai João de Angola, qual é a minha missão aqui na Terra?

Todos temos uma missão na nossa reencarnação, *muzanfio*. Para o cumprimento dessa missão foi feito previamente um planejamento.

A maioria dos reencarnantes, por ausência de consciência e valores morais nobres, *num* participa ativamente desse planejamento. Há, porém, meu *fio*, um avalista do projeto. Quase sempre esse avalista é também o guia espiritual, embora isso *num* seja regra geral. É sempre conosco a maior missão de nossas vidas. Mesmo que haja compromissos cármicos de aprendizado com pessoas de nossas relações, antes de tudo, voltamos a reencarnar *pra* recuperar e iluminar o nosso próprio caminho *muzanfio*.

Pense nisso, a fim de *num* se *iludí* com a velha doença que nos faz supor que viemos aqui na Terra *pra* salvar alguém que *num* seja *nóis mesmos*.

A missão de espíritos puros ou elevados é diferente, viu *fio*? Estes costumam ter âmbitos mais coletivos e abrangentes, com comunidades ou até países e que podem mudar os rumos de muitos *fios*. Entretanto, para a maioria de *nóis*, a missão principal se resume em *resolvê* nossas lutas pessoais, em salvar a única pessoa que podemos salvar: *nóis mesmo*.

Para que o espírito alcance essa missão, é feito um planejamento no mundo espiritual junto a familiares, parentes e membros da sociedade. Também pode *tê* planejamento para erguer obras ou realizar atividades que atinjam um número maior de pessoas, mas, esse planejamento *num* é a missão, é o caminho para cumpri-la.

Formar *famía*, educar os *fios*, *casá*, *fundá* creches, *escrevê* livros mediúnicos, *fazê* palestras, *mantê* obras assistenciais, *colaborá* em projetos, *formá* em uma profissão, e outras formas de atuação social, são caminhos e não missão. Tudo isso vai *passá* e só vai *ficá* o que estiver dentro de *nóis*, o que foi conquistado nessas vivências.

Nossa missão é *saí* da reencarnação melhor do que entramos, resolvendo nossos conflitos internos, aprendendo a viver uma vida com mais alegria e amor, e ser um exemplo de retidão *pra* o bem de todos os *fios* que Deus *colocá* em nosso caminho.

Temos uma missão com a gente e com os outros, temos a oportunidade de ser úteis na missão que a eles pertence. Se *dé pra fazê* isso *fio, tá bão* demais!

Preto-velho, querido, não consigo perdoar uma pessoa com a qual convivo diariamente. Ajude-me a entender isso.

Oh *fia*, asserena sua alma. Perdoar, necessariamente, *num* implica em *reatá* relações como se nada tivesse acontecido. Perdão nem sempre significa *resgatá* a relação com o ofensor.

Antes de tudo, *perdoá* é você *resolvê* a dor emocional da ofensa e isso só se consegue quando *vosmecê* entende qual a sua parcela de responsabilidade *pra tê* acontecido o que aconteceu entre *muzanfia* e o seu ofensor.

O perdão é elaborado no campo do sentimento e, em muitos casos, quanto ao ofensor, *num* há o que fazer a *num sê conseguí estruturá* um sentimento de respeito por ele, e *mantê ele* distante de sua convivência. Em outros casos, pode até *sê* que uma nova e mais cuidadosa relação possa *sê* iniciada. Cada história é uma história.

Num se assuste com isso não, viu, *muzanfia* querida. Essa versão do perdão *num* é minha, é do Cristo, mas, infelizmente, não é ainda suficientemente divulgada e examinada nos ensinos de Jesus.

A RAIZ DA CARÊNCIA AFETIVA

"Dentre os vícios, qual o que se pode considerar radical? Temo-lo dito muitas vezes: o egoísmo. Daí deriva todo mal. Estudai todos os vícios e vereis que no fundo de todos há egoísmo. Por mais que lhes deis combate, não chegareis a extirpá-los, enquanto não atacardes o mal pela raiz, enquanto não lhe houverdes destruído a causa. Tendam, pois, todos os esforços para esse efeito, porquanto aí é que está a verdadeira chaga da sociedade. Quem quiser, desde esta vida, ir aproximando-se da perfeição moral, deve expurgar o seu coração de todo sentimento de egoísmo, visto ser o egoísmo incompatível com a justiça, o amor e a caridade. Ele neutraliza todas as outras qualidades."

O livro dos espíritos, questão 913.

Algumas semanas se passaram. Os casos em andamento tiveram nítidos e felizes progressos.

Hanna já estava colaborando com pequenos afazeres na Casa da Piedade, continuava seu tratamento para vencer o alcoolismo e a depressão e aguardava ansiosa a autorização para visitar seu lar.

Hilda saiu do coma e depois de alguns dias, em uma casa de repouso, acompanhada por familiares, retornou a Belo Horizonte para iniciar novos cuidados em sua vida, visando mudar o rumo dos acontecimentos que a infelicitaram. Estava bem disposta e tomava alguns sedativos de manutenção.

Laerte se mostrava apático, mas com o humor menos agressivo após o tratamento realizado na reunião mediúnica. Tomava medicações diárias e dava claros sinais de que desenvolvia um Transtorno Obsessivo Compulsivo - TOC, em substituição ao quadro de controle e ambição que o perturbou. Ele aguardava uma melhora para iniciar um trabalho realizado pelo plano espiritual em ambientes sociais com amplas necessidades no campo da miséria, onde começaria suas primeiras lições de desapego e reequilíbrio pela expressão do afeto.

Irene, por sua vez, somente depois de algumas semanas, em uma tarde de segunda-feira, resolveu procurar a terapeuta, doutora Sandra. Antes disso, tomou algumas medidas na vida, pois sua dor serviu de impulso a novos caminhos.

Sua mãe, dona Marília, havia nos pedido para acompanhar o caso mais de perto. Juntamente com Carminha, sempre prestativa, chegamos ao consultório e, para nossa surpresa, quem já estava lá? Doutor Inácio.

Doutor, o senhor não perde tempo!

Vim fazer uma consulta com a doutora Sandra para saber como anda minha cabeça!

E rimos, como sempre, com o humor do médico uberabense.

Carminha, como de costume, logo puxou assunto com o doutor Inácio. Em seguida, chegou Irene. Parecia outra mulher. Para quem a viu no hospital, no estado em que estava, não diria ser a mesma pessoa.

Irene tinha consulta marcada para as quinze horas e chegou pontualmente nesse horário. Estávamos todos aguardando na antessala, até que a doutora Sandra a chamou.

Olá, Irene, que bom revê-la e, diga-se de passagem, pela aparência, você está muito bem! Tão bela e bem disposta!

Obrigada, doutora. Realmente, estou bem melhor.

Que bom ter marcado a consulta.

Já deveria ter feito isso há mais tempo, mas fui primeiro tomar algumas decisões inadiáveis. O que a senhora me disse no Hospital João XXIII foi decisivo.

Bom! Seja muito bem-vinda! Vamos começar nosso trabalho terapêutico? Vou anotar alguns dados pessoais e, em seguida, conversaremos.

Ok, pode perguntar. Estou mesmo precisando falar muito.

Após os dados necessários para elaboração de um diagnóstico, a terapeuta indagou:

Pois bem, Irene! Vamos lá, a respeito de que você precisa falar muito?

Posso começar por onde quiser?

Fique à vontade.

Sou uma mulher bem-sucedida nos negócios, sou casada e tenho dois filhos lindos. Meu marido é um amor de pessoa. A senhora o conheceu no pronto-socorro.

Sou daquelas mulheres, doutora Sandra, que as outras olham e pensam assim: "essa aí deve ser muito feliz", entretanto, mesmo expressando essa alegria no meu jeito de ser, sinto-me vazia por dentro. Falta algo que não sei o que é. Conquistei muita coisa na vida, mas parece que me falta algo, alguma coisa que seja essencial. É assim que me sinto.

Se me perguntassem hoje qual a minha razão de viver, eu diria: meus filhos. A vida é triste para mim, embora tenha tudo que qualquer pessoa deseja como meta de felicidade. E isso me assustava e me desnorteava há muito tempo, e quando aconteceu aquele episódio do beijo com Júlia, tive um colapso emocional. A senhora se lembra do caso que lhe contei no hospital?

Sim, Irene. Lembro-me perfeitamente.

Pois então! A partir daquele dia tudo mudou. Não consegui mais ser a mesma pessoa. A tristeza que tomava conta do meu coração antes disso parece que tomou uma nova conotação dentro de mim.

Antes, sentia-me frustrada e vazia. Depois do ocorrido é como se algo explodisse dentro de mim e me senti compelida e motivada a tomar algumas providências em relação à minha vida, senão acho que teria pirado de vez. A frustração se transformou em ansiedade. Ansiedade por algo novo, por mudanças. Eu tive a impressão que uma Irene que estava adormecida acordou dentro de mim. Tive um ótimo sentimento com isso e ao mesmo tempo muito medo.

Júlia despertou em mim uma parte que eu acreditava estar morta. Impressionante! O acontecimento serviu para abrir meus olhos. Parece ser um daqueles fatos que acontecem na vida com propósitos de mudar o curso das coisas, colocar a gente frente a frente com a consciência. Tive que me olhar no espelho da minha vida.

Tudo mudou quando comecei a gostar de Júlia. E como mudou! Agora preciso muito de sua ajuda para saber o que faço com esse sentimento dentro de mim. A senhora está me entendendo?

Com clareza! Mas, a respeito de que o episódio com Júlia abriu seus olhos? Você estaria apaixonada por ela?

Não é bem isso. Vou voltar na minha infância um pouco para responder. Tive pais muitos rígidos e pouco afetivos. Minha mãe era uma mulher cuidadosa com as obrigações que tinha conosco, mas meu pai era alheio a tudo que dizia respeito à família.

Cresci em um ambiente de pouco carinho e de escasso respeito. Havia muitas brigas entre meus irmãos, entre meus pais e até a nossa vizinhança era briguenta. Por isso que hoje eu detesto briga.

Nos meus onze anos aconteceu um fato que marcou muito a minha vida. Meu pai tinha uma irmã, a tia Adélia, naquela época com 23 anos, que frequentava muito a nossa casa. Éramos como irmãs, apesar da diferença de idade.

Em uma tarde de domingo, ficamos sozinhas em casa e ela perguntou se eu queria brincar de uma coisa gostosa. Eu respondi que sim, mas ela me pediu para que a brincadeira fosse um segredo só nosso. Apesar de ter um corpão de adolescente aos onze anos, eu era muito tola, inocente e pura.

Tia Adélia me tocou intimamente e eu achei aquilo o máximo. Estava na puberdade e já podia sentir um prazer naquela manipulação. Não poderia chamar aquilo de orgasmo, no entanto, ela usou de tanto carinho, de tanto pudor comigo que, analisando hoje, não seria exagero dizer que nos apaixonamos. Ela, no conceito de uma mulher jovem e eu, no sentido daquele ato representar carinho, atenção e troca de afeto. Era sempre muito bom! Em nossos contatos físicos ela me enchia de carinho, dizia gostar muito de mim. Hoje, com minha experiência, não tenho dúvidas que ela se apaixonou por mim. Aquilo se repetiu com ingredientes cada vez mais carinhosos e ricos de afetividade. Eu amava a "brincadeira". Tia Adélia se sentia bem com aquilo e eu mais ainda.

Depois de um ano, ela foi estudar em São Paulo e não a vi mais. Alguma coisa aconteceu na vida dela que fez com que ela rompesse não só comigo, mas com toda a minha família. Chorei muito, a ponto de meus pais estranharem a minha reação. Eles nunca ficaram sabendo da "brincadeira". Eu nunca mais a vi, e até hoje sinto muita falta dela.

E a vida prosseguiu. Tive vários relacionamentos homoafetivos na adolescência e na juventude. Fui motivo de escândalo em meu lar e saí de casa muito cedo para trabalhar e buscar a sobrevivência, já que fui acusada de ser "sapatão" e outros adjetivos preconceituosos. Teve muita briga por conta disso.

Aos 22 anos, conheci Paulo, o meu marido. Fizemos negócios juntos, fomos muito bem-sucedidos e montamos nossa atual empresa. Casamos e tivemos nossos filhos. Acreditei cegamente que havia corrigido meus problemas de homoafetividade, já que era assim que o assunto era enfocado na sociedade.

O tempo passou. Não tenho do que me queixar no casamento. Paulo é um homem bom e, não fosse por uma única razão, acredito que as coisas poderiam dar certo entre nós.

Nesse ponto da fala, Irene começou a chorar. Doutora Sandra, gentilmente, deu a ela um lencinho e a incentivou a continuar.

Qual a razão de tamanha dor, Irene? Você havia me dito que Paulo é um amor de pessoa. O que aconteceu?

Sim, ele é um amor de pessoa, todavia, Paulo não tem mais ereção desde os 30 anos. O relacionamento com ele nunca foi lá essas coisas em termos de prazer e, depois que ele teve esse problema, parece coisa do destino, ele começou a fazer tudo comigo igualzinho à tia Adélia. Apenas com toques, entende?

Com o carinho e os gestos iguais aos de tia Adélia, é isso?

Exatamente iguais.

E você?

Comecei a me lembrar, novamente, do que aconteceu entre mim e minha tia.

> Por várias vezes, inclusive, tive mais prazer com ele assim do que no modo tradicional. O efeito disso foi recordar cada vez mais das sensações de uma relação homoafetiva e desejar ardentemente o contato com a pele de uma mulher, de ouvir o timbre da voz feminina, de tudo, enfim.

E você consegue localizar no tempo quando começou a ficar triste e sentir esse vazio que você mencionou?

Foi logo após essa mudança na nossa relação. Adorava os carinhos de Paulo, mas ele, sem saber, é claro, estimulava o meu lado homoafetivo, o desejo que sinto por mulheres, e essa sombra passou a me acompanhar sem tréguas. Foram alguns anos assim até que aconteceu a minha primeira fragilidade, com Júlia. Daí para frente a senhora sabe.

Que decisões você tomou nessas últimas semanas, depois que teve alta no hospital? Por que demorou a vir ao consultório para a terapia?

É mesmo, essa parte a senhora não sabe.

Sou muito objetiva e prática, doutora. Não queria começar nada novo sem encerrar o velho. Procurei por Júlia, conversamos muito e terminamos o que, aliás, nem havia começado. Ela saiu da empresa com um acordo e combinamos de não nos vermos mais e, o mais importante, fiz uma pequena viagem, sozinha, na qual decidi também encerrar meu casamento.

Eu quero outra vida para mim. Não quero mais viver infeliz daquele jeito. A vida com Paulo decaiu muito, nem mesmo aqueles carinhos existem mais entre nós. Acabou tudo. Ele está tendo todos os prazeres do mundo, afora o sexo, é claro. Ele viaja, faz mergulho, compra seus carros, suas roupas, adora paraquedismo, jogos e tem centenas de amigos.

E eu, o que faço? Eu o acompanho, fico só olhando, sem participar de nada. Na realidade minha vida é trabalhar e ganhar dinheiro. Os filhos não querem mais saber tanto da gente, estão praticamente adultos e independentes, tocando suas próprias vidas. Então, o que me restou?

Minha conclusão na viagem foi que eu não tenho uma vida, mas quero muito tê-la. Eu quero de volta a Irene que abandonei, eu quero me resgatar.

Você quer uma vida ou um amor?

Quero primeiro uma vida. Se nela puder existir um amor, ótimo! Se entre outras coisas vier apenas o sexo, para mim está de bom tamanho também.

Então, você quer prazer?

Sim, de todas as formas. Não só no sexo, mas em todos os aspectos da vida. E na vida há que se ter o prazer de usufruir o que ela oferece de bom.

E por que você acha que precisa se separar para ter essa sua vida de volta?

Por uma única razão.

Qual?

Eu quero ser amada também.

Então você não se sente amada?

Quer saber o que penso?

Claro, diga.

Pode ser uma loucura e, se for, me ajude a entender isso melhor, doutora. O que eu sinto é que a única pessoa que me amou de verdade foi tia Adélia, compreende?

Sim, claro, entendo. Você sente falta dela?

Eu não diria que sinto falta dela. Eu diria que sinto falta de algo que aconteceu por intermédio dela e não com ela, compreende.

Esse algo seria o amor?

A pergunta da terapeuta funcionou como uma dinamite no campo emocional de Irene. Detonou o campo do controle e teve como consequência um choro convulsivo.

— Doutora, estou muito confusa. Para qualquer pessoa, nos dias atuais, o envolvimento entre minha tia e eu seria tratado como pedofilia e eu não discuto isso, mas olha a marca emocional que isso trouxe para minha vida. Sinceramente não sei dizer se tudo que vivi foi bom ou ruim, se estou louca ou não por me sentir tão bem quando penso em tudo. O que a senhora acha?

— Sem dúvida, foi um caso de pedofilia sim, principalmente, considerando os aspectos técnicos do assunto. Mas, não estou aqui para julgar ninguém e, antes de tudo, essa é a sua história. Foi assim que ela aconteceu e, ao que me parece, em vez de lhe trazer uma marca infeliz e traumática teve um significado que deveremos examinar com muita cautela e atenção. A relação que você faz entre amor e prazer precisa ser repensada.

— Eu não consigo entender a relação que existe entre meu vazio existencial e o caso com tia Adélia. Só sei que há um laço entre essas coisas. Não sinto raiva, sinto falta e talvez medo. Jamais associei ao episódio qualquer ato de abuso ou maldade, nunca me senti dessa forma.

— E sentiu alguma culpa?

— Nenhuma. O que sinto está mais para a saudade, para a falta, do que para a culpa.

— Compreendo. A pedofilia traz traumas com profundas dores emocionais e para a maioria se torna um problema. Foi uma experiência muito forte para uma menina de onze anos.

Mas a mim não trouxe dores. A sensação é de...

Sem conseguir falar, Irene chorou descontroladamente. Doutora Sandra, dessa vez, deu-lhe um tempo maior para se recuperar e perguntou novamente.

Qual a sensação Irene? Seja honesta com você mesma.

A sensação – falou, respirando fundo, como se fizesse enorme esforço – é de que eu gostaria de experimentar tudo aquilo novamente.

Aquilo o quê?

A sensação de prazer que o carinho de minha tia me deu. Senti-me respeitada e não desrespeitada. Sou uma louca, não é doutora?

Nada disso, Irene. Você é quem você é. Viveu a experiência como ela tinha de ser vivida. É a sua história e ninguém pode julgá-la.

Sei lá! Nunca disse isso a ninguém. Nunca tive mesmo a coragem de abrir a boca para dizer que gostei e ainda sinto falta daquele carinho. Achava-me uma louca, pelo simples fato de pensar nisso.

Vou perguntar novamente para ver se entendi bem. Sente falta da sensação e do carinho, mas não sente falta da sua tia?

Da minha tia, não. Não é dela que sinto falta. É do que aconteceu dentro de mim e no meu corpo.

Pelo que me disse você já teve vários relacionamentos depois disso como jovem e adulta. Nunca mais teve a mesma sensação?

Não. Isso é bem claro. Tive orgasmos com minhas namoradas, nunca aquela sensação.

E que sensação era essa Irene?

De ser amada, como já lhe disse. Sinto uma enorme falta de ser amada, doutora. Como adoraria ter alguém para me acariciar e me amar como fez tia Adélia. Como disse, fico meio assustada e confusa em admitir isso, porém, é isso que sinto.

A figura feminina, o carinho, o afeto parecem ser fundamentais no seu desejo.

Realmente, para mim, eles são essenciais.

Não sente isso com Paulo?

Nunca senti. Mesmo ele sendo educado, respeitoso e atencioso, falta amor, muito amor em nossa relação. Sempre fui muito carente, doutora Sandra, e estou bem cansada de viver assim. Acho que na minha vida inteira eu cobrei atenção e carinho das pessoas com quem me relacionei. Sou uma carente crônica querendo atenção, sentindo-me rejeitada e com elevadas expectativas com quem amo. Cobrei primeiro dos meus pais que nunca me dispensaram amor, depois dos amigos, do marido, dos filhos e acho que agora, como não tenho mais de quem cobrar, estou zonza e sem saber o que fazer ou para onde ir.

E você tem alguém em vista?

Não. E nem sei se vou conseguir voltar a ter interesse nisso. Na verdade estou precisando de satisfação, carinho e atenção. Essa atenção, por exemplo, que a senhora está me dando, esse tempo para que eu desabafe e fale de minha intimidade, eu não sei há quanto tempo eu não experimento isso. O simples fato de você me passar um lencinho com tanto carinho me preenche de alguma coisa boa. Estou me sentindo uma rainha em seu consultório. Tenho a sensação de que não gostaria que essa consulta acabasse, compreendeu?

Perfeitamente, Irene. Compreendo sim.

O que eu tenho doutora?

Você não tem, está é faltando alguma coisa, você não acha?

Acho sim, mas não tenho a certeza se é bem isso que acabei de dizer. Preciso, enfim, encher esse vazio. Só sei que na minha alma há um grito escandaloso pedindo por mudanças. A senhora vai poder me ajudar nisso?

Depende.

De quê, doutora?

Primeiramente você precisa me responder se quer mesmo reconhecer sua necessidade e se deseja mesmo a cura desse seu estado de dor.

É o que eu mais quero.

Nesse caso, preciso saber se você está realmente pronta para fazer um mergulho profundo na sua sombra interior e garimpar os tesouros que estão ignorados dentro dela.

Tesouros? Na minha sombra interior?

Sim, Irene. A sombra de nossa alma não contém apenas limitações e problemas. Nela também estão depositados nossos valores e qualidades. A sombra não significa algo tenebroso, sem luz, mas sim uma parte da vida mental que ignoramos, da qual não temos consciência.

Existe algum diagnóstico para mim? Estou muito doente?

Qual de nós não está enfermo nessa Terra? Em princípio, embora seja muito precipitado afirmar em uma só consulta, você está necessitando de uma reorientação em seu campo afetivo. Não vou trabalhar com diagnósticos mas, inegavelmente, essa rota na qual você está é o caminho para uma futura depressão. Não conseguindo consolidar suas metas e aplicar seu afeto de forma sadia e equilibrada, abre-se uma porta para essa doença. Considere, por agora, que você está longe dela e com amplos recursos em favor de si mesma.

Os médicos que me avaliaram no Hospital João XXIII chegaram a cogitar uma depressão.

Meus colegas que a examinaram eram neurologistas e clínicos. Fizeram diagnósticos rápidos diante das circunstâncias extremas do seu caso. As afirmativas seguras e mais conclusivas a respeito de doenças mentais podem ser diagnosticadas somente por profissionais de saúde mental.

Mas a senhora é psiquiatra também?

Sou cardiologista de formação, como você já sabe, e fiz uma graduação adicional em psiquiatria clínica e psicoterapia.

E acha que devo parar com a medicação que me deram no hospital?

Não. Vamos dosá-la para menos até poder parar.

Já que estou na rota da depressão, a senhora poderia me dizer o que vai tratar em mim?

Vou tratar de sua carência afetiva. Isso esclarece?

Nossa! Acho que acertou na mosca.

Você admite que seja assim?

A senhora é a médica, eu não sei o que responder.

Sou a médica, mas a pessoa mais importante e o foco em nossa relação é você. O que vamos trabalhar juntas diz respeito a você. Eu tenho uma orientação para lhe oferecer, mas meu desejo como profissional é vê-la com autonomia, com domínio pessoal, com uma construção sólida de paz. Vou lhe oferecer cimento e tijolo, porém quem vai fazer a massa e levantar paredes é você. Nessa perspectiva, assuma sua responsabilidade e me responda: vai querer mesmo essa tarefa de erguer as paredes de sua nova vida?

Sim, eu quero. Eu me assumo como uma pessoa carente de amor, de mimos e de tudo.

Então, já que é assim, vamos tomar a primeira dose da vacina anticarência.

Pode aplicar doutora. Onde vai ser? Na veia ou no músculo?

Vai ser no ego.

Como assim?

Acaso você sabe qual é o traço moral que pode ser considerado a raiz da carência?

Não, não sei.

Boa parte dos quadros de escassez afetiva, principalmente os mais graves e crônicos como o seu, acontecem na vida afetiva em função de uma conduta muito nociva.

Qual?

O carente é antes de tudo um egoísta.

— Uau! Essa vacina doeu, doutora Sandra! Foi direto no músculo!

— É bom que doa, porque reconhecer isso é o primeiro passo, é a vacina que cura. O carente afetivo, que não reconhece sua postura egoísta perante a vida, diminui suas chances de tomar consciência sobre qual caminho poderá tirá-lo dessa penúria e dessa dor.

— Egoísta? Como egoísta? Eu só quero entender. Talvez entendendo, eu aceite melhor.

— Como você definiria uma pessoa carente afetivamente, Irene?

— Alguém que sente muita falta de ser amada?

— No seu caso, você acha que não foi amada pelas pessoas da sua vida? Seus filhos, seu marido, seus amigos e outros?

— Não fico pensando nisso, mas acho que não. Não fui amada.

— O que é ser amada para você?

— Nossa! Que pergunta difícil, doutora. Ser amada seria ser muito querida?

— Então vejamos: você não é querida por seu marido, seus filhos e seus amigos, é isso?

— Bem, querida acho que sou.

— Então, por que não se sente amada?

— Por que não me sinto protegida.

— E a respeito de que é essa sua necessidade de proteção?

De ter alguém que se importe comigo, que cuide de mim, que faça por mim o que eu faço pelos outros, que me devolva atenção na medida em que eu me doo.

Pois bem, você consegue perceber que essa necessidade, na verdade, é egoísmo?

Nossa! Será é que é mesmo? É porque eu fico esperando muito, doutora?

Você está constantemente cobrando da vida. E essa é uma atitude do egoísta. Ele quer e sonha com exclusividade em torno de seus passos, idealiza sonhos impossíveis de serem cumpridos por parte de seus amores. Não amadureceu para fazer, ele próprio, em favor de si, o que espera que o outro faça.

Doutora, a senhora é porreta, perdoe-me a palavra. Nunca pensei em mim como egoísta. Dói, mas é verdade. Estou querendo o mundo a meus pés.

Talvez não seja o mundo.

Não?

Não, talvez seja apenas alguém a seus pés, alguém exclusivo, uma pessoa que faça por você tudo o que gostaria.

Meu Deus! Sou tao egoísta assim?

Vamos checar isso. Responda-me, se tivesse alguém para você, que a amasse como você disse, o que você gostaria que essa pessoa fizesse?

Que me desse colo, me suprisse de amor, fosse um estímulo na minha caminhada, que me respeitasse e fizesse tudo que eu preciso para ser feliz e, também, me desse prazer.

Nossa! Coitada dessa pessoa, se você a encontrar! – riram juntas da bem-humorada colocação da doutora.

É verdade, doutora. Não sei se devo rir ou chorar de pensar dessa forma, mas será assim tão injusto pensar em ter alguém assim na vida?

Irene, isso é fantasia. Esse tipo de reciprocidade pode se tornar realidade para quem tem alguém e constrói junto com essa pessoa as condições para que as conquistas que você espera possam acontecer em uma via de mão dupla. Você dá e recebe, você recebe e dá mais ainda. No entanto, o que ocorre com o carente afetivo é que ele sempre está esperando algo exclusivamente para si, e muitas vezes sem saber objetivamente o que é e, por não saber, chama isso de amor, ou de falta dele.

Uma relação com essa reciprocidade é possível?

Sim, quando há parceria, amor verdadeiro e autonomia, mas nessa rota da expectativa, da cobrança e da mágoa você só vai arrumar alguém que vibre no egoísmo tanto quanto você ou, na melhor das hipóteses, alguém que a suporte e vá fazer algo pela própria vida como pular de paraquedas, comprar carros, mergulhar.

Paulo?

Sim, ele não consegue atendê-la no tanto que você espera dele e de todos.

Quer dizer que o que eu acho que é uma necessidade é um comportamento do meu ego?

Sim.

E não existe nada que preste nessa minha carência?

Claro que sim. Toda carência tem uma intenção muito positiva, é um sentimento que quer dizer: você precisa voltar-se para si mesma para poder atender as suas necessidades; você está se abandonando. A carência é um buraco no peito que você tenta preencher com o amor de alguém, é você não ter a si mesmo. Ela é uma doença que pode ser interpretada como interesse. O carente é um doente em um estágio ainda muito bom pois, por enquanto, ele pensa egoisticamente em si mesmo, e isso não é a pior doença que existe. Na verdade, ela pode ser um vetor na busca de si mesmo. A maior dor do carente é sentir que não tem a si mesmo e, por esse motivo, consome-se em exigir o amor do outro, um sinal da profunda imaturidade emocional de sua vida íntima e uma atitude de egoísmo.

Meu Jesus Cristo, doutora! É isso mesmo?! Estou atordoada com tudo isso.

Vejamos: por não se sentir amada você sente rejeição, não sente?

Sinto e muita, a vida inteira.

Rejeição é um sentimento maravilhoso para lembrá-la do seguinte: cuide mais de você, assuma-se, acolha sua realidade, aproxime-se mais de sua verdade e desligue-se do que os outros pensam. Você é uma pessoa que se preocupa muito com o que os outros pensam, não é Irene?

Totalmente. Basta dizer o que aconteceu depois do beijo em Júlia.

O que você pensou?

Que iria decepcionar muitas pessoas. Que se soubessem dessa minha preferência sexual seria o caos na minha vida.

Pensando bem, Irene é uma pessoa que não existe, não tem gosto pessoal para se satisfazer com ele, não escolhe nada exclusivamente para si, não deixa a influência interna vir a tona, não determina o espaço que lhe é próprio, não tem escolhas particulares. O que existe é um monte de gostos e interesses de outras pessoas nessa pessoa que se chama Irene.

Vou enlouquecer, doutora. Isso tudo é demais! Admito, sou uma vergonhosa egoísta!

Que bom admitir isso, para seu próprio bem.

Quero agradar e estar bem com todo mundo porque não suporto a ideia de rejeição. É um baita egoísmo da minha parte, mas só consigo perceber isso agora.

Conclusão?

Não me sinto amada por conta dessa roda-viva que eu mesma criei.

Que ótimo você conseguir perceber essa realidade. A primeira dose da vacina já está funcionando.

Penso só em mim, na minha imagem, no que eu preciso, no que eu quero receber e não nos outros. Que decepção ter de lidar com esse tipo de verdade. Acredito, inclusive, que as pessoas que amo foram usadas por mim, controladas para me atender em minha ânsia de ser amada.

É por isso que quer alguém exclusivamente para atendê-la. Quem você está querendo, Irene?

Como disse, alguém que me proteja.

Proteja de quê?

Das frustrações da vida, sinto-me abandonada.

Você sente falta de sua mãe, Irene. A mãe que você não teve. Um carente não é alguém que sente falta de ser amado, é alguém que sofreu alguma disfunção na infância e, mesmo crescido, não amadureceu emocionalmente para compreender que agora não precisa mais daquilo que sua mãe poderia ter lhe dado, quando criança.

Meu Deus!

Que foi?

Tive uma luz.

Qual?

Será por isso que tia Adélia...

Talvez. É possível que tenha sentido na sua tia um papel maternal que estava faltando. Mexeu muito com você o afeto dessa figura feminina.

Doutora.

Sim.

Estou apavorada com essa descoberta. Meia hora atrás jamais me admitiria egoísta.

Bem-vinda ao mundo!

> Para você ver com mais clareza o assunto, gostaria de apresentar uma abordagem espírita, se me permitir. Em *O livro dos espíritos*, na questão de número 913, o egoísmo é apresentado como sendo a origem de todo mal. Se estudarmos nossas doenças veremos que ele está por traz de todas elas. Por ser o egoísmo a nossa maior chaga, só vamos extingui-la se a atacarmos diretamente. O

egoísmo é incompatível com a justiça, o amor e a caridade, pois neutraliza todas as outras qualidades.

Quando focamos a vida em nós, colocamos tudo centrado no ego, assim, pensamos a vida.

Quando focamos no amor e no bem, desprendendo-nos das necessidades egoísticas, sentimos a vida.

O amor é o antídoto da carência afetiva, mas não o amor que transfere responsabilidades afetivas a alguém e sim o movimento de amar a si e ao outro, sentindo que o amor que se dispensa pulsa também na sua direção como um efeito natural do ato de dar sem esperar nada em troca, de realizar sem a necessidade de retorno. A vida é abundante e nosso coração transborda não só quando recebemos, mas, principalmente, quando damos afeto.

A senhora é espírita?

Sou sim. E, se não for desconfortável para você, gostaria de saber se aceitaria uma ajuda espiritual?

Que ajuda seria essa?

Um tratamento espiritual.

Espiritual?

Sim.

Aqui dentro do consultório?

Não, Irene. Não misturo minha profissão com práticas religiosas. É apenas uma indicação que gostaria de lhe fazer fora daqui, um complemento que acredito ser muito oportuno.

A senhora acha que tenho algum problema espiritual?

Não seria bem um problema, mas minha intuição pede para lhe indicar algo.

Nem preciso mencionar que a sugestão foi uma influência de doutor Inácio.

Sim, eu aceito toda ajuda, doutora, sem nenhum preconceito. Essa sua intuição lhe diz algo ruim?

Ao contrário. Sinto que algo muito bom está para acontecer, mas, como não quero trazer esse assunto para a nossa consulta, por favor, não me pergunte o que é, mesmo porque eu não saberia responder.

E que lugar a senhora me recomenda buscar?

Existe uma instituição chamada Casa da Fraternidade, no bairro Floresta. Quando terminarmos aqui, vou pedir à minha secretária para lhe passar o endereço.

Durante algumas semanas você vai passar pelo tratamento espiritual e isso, certamente, vai contribuir muito com o trabalho terapêutico e de educação emocional que faremos aqui no consultório, semanalmente.

Irene mostrava-se com outro estado de espírito. Estava mais confiante, serena e bem mais aliviada. A sessão valeu por uma benção na caminhada da nossa irmã. Terminada a consulta, a terapeuta acompanhou a paciente até à porta e solicitou à secretaria:

Inês, por favor, passe à Irene o telefone e endereço da Casa da Fraternidade.

E por uma dessas supostas coincidências do destino, quem estava na sala de espera, quando a doutora mencionou a organização espírita? Hilda, acompanhada pela mãe. A doutora, ao vê-las, cumprimentou-as e disse que chamaria Hilda em alguns minutos. Irene assentou-se ao lado de Hilda para falar ao telefone, enquanto a secretaria anotava o endereço. Assim que Irene terminou, Hilda não vacilou em perguntar:

Você vai visitar a Casa da Fraternidade?

Sim – falou Irene meio inibida –, vou na quarta-feira conhecer a atividade de tratamento espiritual, recomendada pela doutora.

Minha mãe e eu estamos frequentando esse centro.

Mesmo? Como é lá? – perguntou com muita curiosidade. – Eu morro de medo dessas coisas de espíritos!

É um lugar maravilhoso. Eu me chamo Hilda e, como é mesmo seu nome? – apresentou-se estendendo a mão para Irene.

Meu nome é Irene. Muito prazer! – cumprimentaram-se gentilmente.

Irene, o lugar é ótimo, um céu! Para quem passou por momentos difíceis como eu, é uma benção.

Vocês estarão lá na próxima quarta?

Sim, estarei em tratamento lá por várias semanas.

Será que eu poderia encontrar com vocês lá? Fica muito cheio?

Fica bem cheio, mas eu e minha mãe podemos esperá-la na porta, você quer?

Fariam essa bondade?

As duas ficaram amigas naquela hora. Em poucos minutos de prosa, brotou uma espontânea simpatia. Quando Irene iria fazer mais algumas perguntas, doutora Sandra chamou Hilda, interrompendo o diálogo.

9
A URGÊNCIA
DO AUTOAMOR

> "Qual o verdadeiro sentido da palavra caridade, como a entendia Jesus? Benevolência para com todos, indulgência para as imperfeições dos outros, perdão das ofensas."
>
> O livro dos espíritos, questão 886.

A consulta de Irene com a doutora Sandra foi uma aula sobre nossas necessidades emocionais e afetivas. A médica e terapeuta não só é portadora de fina cultura e hábil competência profissional, como também possui uma intuição muito aflorada.

Doutor Inácio, posteriormente, comentou que, em vários casos tratados no Hospital João XXIII, ele sempre contou com a mediunidade espontânea da doutora, para que os planos de socorro e amor pudessem se derramar sobre as dores dos pacientes daquele local.

Como doutor Inácio, Carminha e eu estávamos no consultório e, já sabendo que Hilda também receberia ajuda e orientação, ficamos para acompanhar a consulta seguinte.

A doutora, muito gentil, falou logo que Hilda entrou:

Como sua fisionomia melhorou! Você está linda! Remoçou muito da semana passada para cá.

Doutora, já que a morte não me aprovou, resolvi cuidar da minha vida com mais alegria e atenção tentando transformar minha existência em algo mais útil. Chega de fugas!

Que boa notícia! E como tem passado?

Bem melhor, doutora Sandra. Ainda tenho muitos sonhos mas, como estão diminuindo, acordo mais descansada. Estou sentindo alguns efeitos colaterais dos remédios, que me incomodam um pouquinho, mas não o suficiente para atrapalhar o meu dia.

Comecei a me cuidar, senti vontade de voltar para a academia, de voltar a ler e de fazer outras coisas que fui deixando de lado com o tempo. Já abandonei meu cargo e estou procurando nova oportunidade. Não quero mais nada com a política, nem com o serviço público e, muito menos, com relacionamentos.

Vamos corrigir essa fala: relacionamentos que não valem a pena.

Cansei de centralizar todos os meus esforços em ter um amor. Pedi demissão dessa tarefa infeliz de mendigar amor e afeto. Chega dessas relações abusivas. Cansei! Chega!

Certo. Isso mesmo! E na Casa da Fraternidade, você está indo?

Estou indo e, sobretudo, amando frequentar o centro. Se soubesse da existência dessa casa antes, já teria participado das atividades há mais tempo. Na casa que frequentava não tem esse tipo de atendimento espiritual com entidades desencarnadas. É uma benção! Aliás, a sua paciente Irene vai se encontrar lá comigo e minha mãe, na próxima quarta-feira.

Que ótimo. Dê apoio a ela, ela vai precisar.

Eu fui tão amparada que se puder fazer algo por mais alguém, será uma benção. Os médiuns lá da casa me disseram que, enquanto eu estava internada, em coma, fui assistida pelas equipes espirituais que orientam os trabalhos. A senhora sabia disso?

Sabia sim, Hilda. Mas sempre mantemos muita discrição no assunto. Vamos ao nosso tema, então?

Nosso? A senhora quer dizer meu, não é?

É assunto nosso, Hilda, pois não existe ninguém nesta Terra sem carência. Todos nós sentimos falta de alguma coisa. Temos, por exemplo, a falta de Deus, de paz, de alegria. A forma como lidamos com o que nos falta é que vai fazer ou não diferença em nossa vida.

É verdade, doutora. Acho que eu tenho todas elas e, o que é pior, lido mal com todas. Não consigo conviver com frustrações, perdas, dor e tudo que está relacionado com a carência.

No entanto, a que mais a machucou e adoeceu foi a carência de ser amada.

Sim, tenho plena consciência disso e queria começar hoje fazendo uma pergunta: Fiquei meio atrapalhada com algumas ideias que foram levantadas na terapia ao longo das últimas semanas. Tudo que sei sobre os ensinos do Espiritismo não foi suficiente para explicar esse assunto em minhas cogitações. A terapia tem mexido muito comigo, virei um liquidificador de pensamentos.

E o que mexeu com você?

Saber se querer ser amada é carência.

Não, não é. Mas, quando isso se torna o centro dos interesses mentais na vida de alguém, com certeza, ela vai adoecer. Ser amada é um direito universal. O carente, porém, não usufrui do seu direito e sofre com ele. Você consegue perceber essa diferença?

Consigo, sim. Sinto necessidade de ser amada e tenho um trio infernal que me consome: a rejeição, a solidão e a baixa autoestima.

São sentimentos sintomáticos, que servem para avisar que sua carência está em nível agudo. Eles formam o piso emocional da sensação de indignidade, um dos mais velhos efeitos do egoísmo no campo emocional. O Evangelho de Lucas, no capítulo quinze, versículo dezenove, nos diz: "Já não sou digno de ser chamado teu filho; faze-me como um dos teus trabalhadores."

Essa indignidade é o resultado do nosso trajeto milenar nas armadilhas infelizes do egoísmo. Foram três as principais feridas abertas depois de tantas reencarnações no egoísmo: a inferioridade, o abandono e a fragilidade.

A inferioridade leva-nos à falta de valor pessoal, que tem por resultado uma dolorosa sensação de baixa autoestima. A baixa autoestima serve para nos acordar para uma relação de mais amor e tolerância conosco.

O abandono impede a nutrição da conexão afetiva, não conseguimos sentir o amor alheio e aí nasce o sentimento da rejeição. A rejeição quer nos avisar sobre a importância de nos aproximarmos mais de nós mesmos, de sermos nossos melhores amigos e cuidarmos com mais carinho da nossa vida.

A fragilidade nos faz sentir que estamos sem poder, força e capacidade para criar soluções, resolver problemas e construir nossa libertação diante das dores da vida, aprisionando-nos no sentimento de incompetência. A incompetência tem por finalidade estimular a reavaliação de nossas verdadeiras qualidades e qual a melhor direção para empregar nossa força.

Sob essa ótica, tudo que sentimos no sistema ecológico emocional tem o objetivo de gerar equilíbrio, mais luz e melhor aproveitamento de nossas vidas.

— Doutora Sandra, a senhora é um amor! Sinto um alívio profundo em saber que posso pensar dessa maneira.

— Fica tudo mais leve, não é, Hilda? – falou a terapeuta com a alegria de quem usufruía daquilo que estava ensinando a seus pacientes em sua própria vida.

— Com certeza. Fica tudo muito mais leve!

— Os carentes são espíritos que se fecharam em si, não somente desde a atual infância, mas desde outras vidas. Certamente esse trajeto vem de longe nos casos mais agudos de carência, onde se coloca em risco a própria vida ou vive-se de uma forma profundamente perturbada, como é seu caso.

— Devo ser a rainha da carência. Quem sabe fui eu quem inventou esse sentimento? – Riram as duas.

— Seu bom humor me deixa bem mais tranquila em relação ao seu tratamento, Hilda. Muito bom vê-la assim!

— Graças à senhora e à ajuda que tenho recebido da Casa da Fraternidade, posso dizer que acordei, abri meus olhos para a vida. Continuo desejando o amor, mas sem loucuras e sem dor!

Parabéns! Esse é o remédio.

E que remédio!

E Manoel? Parou de importuná-la?

Ele ficou muito assustado com tudo que fiz. Fiquei sabendo que desejou ir ao hospital, mas foi desaconselhado por membros da sua equipe política. Não me procurou mais e espero que não o faça. Ele mesmo aprovou e assinou minha demissão no serviço público. Quero distância dessa gente e desse homem em particular. Não vale a pena!

O relacionamento de vocês está no âmbito dos relacionamentos tóxicos, Hilda. A pessoa carente fica presa em um ciclo de relacionamento vicioso e não consegue romper. Para que a ruptura desse processo doentio aconteça é preciso que três atitudes indispensáveis entrem em ação: muita orientação terapêutica, apoio e decisão.

Eu não tinha nenhuma das três, agora tenho todas. Inclusive o apoio de minha mãe.

Essa é outra pergunta que gostaria de fazer. Por que sua mãe continua em sua casa e vindo às consultas com você? Ela não vai voltar para o interior?

Ela tem medo e é controladora, doutora Sandra. Ela prefere dizer que é amor e preocupação. Ai, ai, viu! Ser filha de uma mãe como a minha é um carma.

Carma não, Hilda, aprendizado. Pode se tornar uma prova dura se você não aprender o que essa situação tem para lhe ensinar.

Sinceramente, doutora, esse é um tema que preciso trabalhar muito. Acredito que o assunto do suicídio está bem resolvido em mim. Preciso agora mexer naquilo que está no entorno da minha vida e que contribuiu para minha triste decisão de me matar. Foi preciso tentar me matar para saber que eu existo e que vale muito a pena lutar por mim, para ser quem desejo ser.

Vamos mergulhar nisso. Mãe é um ótimo tema a ser tratado com pessoas carentes.

Que bom saber que existe essa ligação. Por onde a senhora quer que eu comece?

Vamos começar por essa sua conduta de dar uma dimensão exagerada ao ser amado?

A outra metade da laranja!

Isso mesmo.

Fui criada por minha mãe para acreditar que tinha que achar minha outra metade. Minha mãe me considera uma laranja, com certeza. E o pior: uma laranja azeda. Agora, depois da tentativa de autoextermínio, sou um limão! – riram as duas da tirada bem-humorada de Hilda.

Ela não desgarra, doutora.

E como você se sente em relação a isso?

Sufocada. Ela pensa que, ficando ao meu lado, vai impedir outra tentativa. Virou uma fiscal da minha vida. Corrigindo, ela virou dona da minha vida, porque fiscal ela sempre foi. Sempre interferiu na minha vida por ser controladora ao extremo.

Hilda, você tem uma noção sobre qual seria a idade para os filhos se tornarem totalmente independentes dos pais?

Vinte anos?

Não.

25?

Hilda, os filhos já podem ser independentes aos sete anos, aproximadamente. Pelo menos é o desejável.

Mas não financeiramente!

Os filhos não tem dependência financeira dos pais, eles precisam do apoio financeiro deles até construir sua capacidade de se autossustentar, compreendeu a diferença?

Nossa! Então, na casa dos trinta, estou muito atrasada.

Você consegue perceber isso?

Agora, depois dessa fase ruim, sinceramente estou avessa a permitir controle na minha vida. Quero ter decisões próprias, romper.

Romper com o quê?

Com essas submissões infantis.

Com relação a quem?

A começar pela dominação e controle da minha mãe.

Ótima decisão. Está na hora de você ter uma conversa com ela sobre como será a relação de vocês daqui para frente.

Sabe o que me preocupa, doutora? Essa ideia de carma que enfiaram na cabeça da gente. Minha mãe mesmo acredita nisso radicalmente. Ela acha que tem um compromisso comigo e é responsável pela minha libertação e pelo meu reerguimento espiritual.

E você o que pensa disso?

Nem sei o que dizer, só sei que isso me sufoca e muito! Não sei como avaliar esse assunto da minha vida por essa perspectiva.

Veja bem, Hilda. Essa noção de carma entre nós ocidentais tem estimulado uma cultura nada saudável.

Nas leis universais, ninguém é totalmente responsável por ninguém. Temos responsabilidades uns para com os outros, entretanto, ninguém é capaz de salvar alguém que não queira ser salvo, ou de responder pelas escolhas que o outro faz.

Culparia sua mãe pelo atentado que você fez contra a sua própria vida?

Jamais, doutora.

Mas ela se sente assim nessa relação controladora que tem com você. Na concepção dela, terá culpas imperdoáveis para o resto da vida.

Deus me livre disso! Mas acho que a senhora está falando algo que realmente poderia acontecer.

É por causa dessa mentalidade desenvolvida no próprio contexto espírita que algumas pessoas pensam dessa maneira. Há uma confusão bem generalizada entre carma e planejamento da reencarnação.

Sua mãe pode mesmo ter escolhido e planejado trazer você como filha e ajudá-la no seu crescimento, isso, porém, não significa responsabilidade ilimitada. Carma não é planejamento e sim o que ela tem de aprender por meio do esforço de ajudar você a crescer. Carma é aprendizado.

Ela pode considerar que sua tentativa de suicídio faz parte do carma dela, sob a perspectiva de que ela tem de sofrer essa dor em função de algo ruim que fez a você em outras vidas. Nesse caso, ela se acha fracassada por não ter impedido que você fizesse o que fez, daí vem a culpa e junto com ela um enorme desejo de reparar a falha dela com você. Isso é muito insensato, mas quase ninguém percebe!

— É exatamente do jeito que a senhora descreveu. Ela chegou a insinuar que se for preciso vai mudar do interior para ficar mais perto de mim e me acompanhar.

— Suas escolhas, absolutamente, não são de responsabilidade dela. O aprendizado que ela veio fazer, aliás, pode ser exatamente esse, o de se tornar uma pessoa não disponível para você.

Pais totalmente disponíveis aos filhos que já podem ser independentes costumam adoecê-los emocionalmente, impedindo-os de aprender a fazer escolhas e a responder por elas.

— A senhora acredita que minha mãe está esperando que eu responda para ela o que foi que ela não me deu ou o que foi que ela fez para que eu chegasse ao ponto que cheguei?

— Sim, ela vai se sentir assim. Responsável pela sua vida, e você sabe por quê?

— Porque ela é muito controladora.

Essa é a parte que diz respeito a ela, mas qual é sua parte no processo?

Ficar contando com o apoio dela?

O apoio é bem-vindo, você está precisando. O que não dá mais é você continuar passando para ela a certeza de que você conta e necessita da excessiva disponibilidade que ela oferece. A sua parte foi dar a ela a impressão de que você espera dela exatamente o que ela tem feito a você, o que acaba sufocando. O carente adora mimos excessivos.

Meu Deus, doutora! O que é isso?! Nunca pensei por esse prisma. Tem toda razão. E eu não tenho a menor ideia de como resolver isso.

Comece a mostrar a ela que você não conta mais com ela, tanto quanto ela imagina.

Como?

Diga a ela que você vai mudar sua vida e que a primeira providência é não aceitar mais a disponibilidade dela. Pergunte, inclusive, se ela está pronta para isso.

Dizer à minha mãe que não vou mais precisar dela pode ser o caos.

Para quem?

Para ela. Ela vai e sentir desmerecida, frustrada e sem ter controle algum.

Talvez esse seja o carma dela. O aprendizado que ela tem que fazer.

E qual seria meu carma nessa história?

Excelente pergunta, Hilda. É só você pensar no que faz como uma pessoa carente e que peso provoca nas relações. Vejamos algumas atitudes muito comuns ao carma de quem experimenta a carência afetiva:

- Aprender a dizer não para as pessoas, no seu caso, sua mãe.

- Manter um nível sadio de disponibilidade em qualquer relação.

- Nunca abandonar a si mesma para cuidar do outro. A pessoa mais importante da sua vida é você.

- Abrir mão de tentar provar a sua importância na vida de quem você ama.

- Vencer a ilusão de que alguém pode suprir todas as suas expectativas.

- Ficar atenta aos sinais da carência: ciúme, inveja, mal-estar com a atitude indiferente de alguém, assumir sempre o papel de vítima.

- Vigiar a conduta para não bancar a boazinha sempre.

- Evitar focar em uma única pessoa o prazer e a alegria proporcionados pelos relacionamentos, fechando-se na indiferença e na hostilidade com os demais.

Nossa! Que medo me dá tudo isso, doutora Sandra.

Medo de quê?

De ter que romper com muita coisa dentro de mim e também em minhas relações.

Isso é verdadeiro. Contudo, se pensar bem, você vai romper é com uma parte sua que vive para agradar a todo mundo.

Puxa, de novo a senhora acertou em cheio. Sou uma mulher que vive para agradar.

Isso é bem típico dos quadros de carência afetiva que não é outra coisa senão falta de não ter a si mesmo. O maior carma do carente, a meu ver, é aprender a ser quem realmente é e conseguir sentir a si próprio.

O medo existe apenas para prepará-la com relação ao que a espera. Ele vem para alertá-la de que é uma jornada desafiante e para a qual terá de se preparar muito.

Vou apresentar uma pequena lista de prováveis acontecimentos que você vai vivenciar por ter a coragem de ser quem é:

- Vai decepcionar muita gente.

- Será chamada de egoísta e sem juízo.

- Vai sentir muita culpa até perceber que necessitava rever seu modo de pensar e por aceitar sua própria escolha de ser autêntico.

- Quem já a conhece sempre encontrará motivos para achar que você não está bem.

- Prepare-se para conviver com a raiva de quem gostaria de ter a sua coragem e com a inveja de quem gostaria de ser como você.

- Acostume-se a ter poucos amigos.

- Vão chamá-la de fanática, irresponsável, obsidiada, interesseira e indiferente.

- Sua firmeza será considerada vaidade.

- Sua sensatez será avaliada como falsidade.

- Seu sucesso será visto como engano.

- Acostume-se com as perdas, sendo que a mais desafiadora é a perda de quem você achava que era.

Nossa! Que desafio me espera!

A felicidade tem seu preço. O amor não é conquista banal, pede trabalho e mudança.

E existe planejamento reencarnatório para vir solitário, sem se casar?

Claro que sim. Algumas pessoas pedem isso para fazerem aprendizados diversos, incluindo o de focarem no amor em si mesmo, antes de tudo.

Então deve ser o meu caso.

Por que afirma isso?

Não me casei, ainda não sei como cuidar de mim mesma e não tenho amor por mim. Sinto-me um fiasco, uma fraude.

Quem se abandona tem como resultado esses sentimentos. O planejamento reencarnatório é feito conforme nossos merecimentos e necessidades.

Eu acredito que a vida sempre nos reserva o melhor, que as oportunidades estão esperando o nosso esforço de nos prepararmos para elas. Todos merecem o bem e a paz, mas é preciso superar nossas necessidades, vencer as mazelas espirituais e cumprir o carma.

Você está em uma condição de vida maravilhosa para iniciar esse aprendizado, embora fale como se a vida não fosse mais conceder a você o direito de casar, ter filhos ou, melhor ainda, ser feliz com você mesma, que é o mais importante. Tão nova de idade e tão velha na forma de pensar.

Vou mudar isso a partir de hoje. Não quero mais essa vida de mendiga afetiva e nem essa velhice na alma.

Comece essa mudança por sua mãe. Sua parte carente se nutre do comportamento dela. Ela não é causa de sua carência, mas a sustenta com sua permissão.

Farei isso. Vou vencer essa minha personalidade imatura, romper com essa minha parte solitária e necessitada de afeto.

Aliás, dentro de mim há uma sede por estar comigo mesma. Eu nunca desejei tanto a solidão como agora, estou extremamente antissocial. Será que é um sinal de minha mudança?

Poder ser o caminho de retorno, Hilda. Quando sentimos a necessidade de nos aproximarmos mais de nós, ficamos com certa dose de conduta antissocial. Pelo menos por um tempo, até amadurecer a noção sobre o que queremos da vida e como atingir isso. Embora, na maioria das vezes, temos um demônio interior que detesta solidão.

Quero olhar meu demônio interior e dizer a ele: quem manda agora sou eu.

O carente é alguém com muito medo de ser sempre rejeitado e de ficar só. Para suprir esse medo, ele deixa de ser criterioso a respeito de seus relacionamentos. O caminho de retorno, para algumas pessoas, inclui essa pequena e moderada dose de conduta antissocial no sentido de reclusão, de seletividade.

O que me intriga é pensar que, se a origem da carência tem relação com egoísmo, não será egoísmo fazer uma escolha focada nesses meus desejos novos?

Existe uma enorme diferença entre egoísmo e autoamor.

> O carente é alguém que não amadureceu emocionalmente, que se sente vazio e só pensa em preencher seu vazio através de outra pessoa, responsabilizando o outro quando ele não consegue. Ele pensa em si e não consegue se sentir. Quer ser cuidado e não se cuidar e está sempre esperando receber. O egoísta se afoga em expectativas.

> Quem ama, ao contrário, tem amor suficiente, inclusive para si mesmo, a fim de saber escolher e aplicar aquela lista que acabei de apresentar. Autoamor é a solução da carência afetiva. Quem aprende a se amar percebe que o movimento do amor para os outros e para a vida são inevitáveis, complementam o processo de alegria, compartilhamento social e saúde mental. Procura alguém para agregar valores, experiências e momentos felizes, mas não depende disso para ser feliz. Tem expectativas e as dosa com equilíbrio a ponto de, se necessário for, abrir mão delas sem responsabilizar ninguém a não ser a si mesmo.

— A senhora coloca as ideias de uma forma tão clara e fácil de entender. Eu mesma, por várias vezes, fui recomendada por pessoas lá do centro que frequentava a realizar sempre em favor do próximo e esquecer de mim, a não me preocupar comigo mesma. Ensinaram-me que ocupar-me comigo mesma seria personalismo. Lá, os dirigentes consideram muito amor a si mesmo como vaidade! Uma vez, quando um trabalhador leu uma bela mensagem sobre o assunto foi repreendido severamente por um deles, pedindo vigilância nas ideias.

— Com todo carinho e respeito, não estou aqui para julgar ninguém, mas isso pode ser doença psíquica e grave.

Quando se tem um dirigente assim, deve-se respeitar as concepções dele, mas zelar pela nossa. A relação com uma pessoa que pensa dessa forma, em muitos casos, pode adoecer todo um grupo, dependendo de sua influência.

— É verdade! Eu me pergunto se já não estamos doentes. Por mim, posso responder que sim. Só não sei como avaliar a influência desse grupo em meu processo pessoal.

— É simples, basta avaliar se você se sente culpada por pensar que esse dirigente está equivocado. Afinal de contas, a cultura da comunidade espírita prega que ele é um "escolhido", ou seja, está em melhores condições que os outros. Se isso acontece com você, cuide-se e tenha respeito com esse tipo de doença que já contaminou uma expressiva parcela dos espíritas.

Espiritismo é uma mensagem de amor e libertação. Essa forma doentia de pensar vai trazer mais sofrimento. A verdadeira mensagem espírita é de consolo, estímulo e luz em seu favor e de seu próximo.

— Que aula de Espiritismo, doutora Sandra! Que cabeça aberta a sua!

— Não gosto de misturar os assuntos religiosos com profissionais, Hilda.

Fico feliz que esses conceitos estejam ajudando você a pensar. Faço isso por conta das descobertas pessoais com as quais você vem demonstrando tanto comprometimento. Os terapeutas conscientes cuidam em trabalhar o componente da espiritualidade e não a religião, embora seja respeitável que troquemos ideias sobre o que possa interessar ao crescimento de nossos pacientes.

Em verdade, não estou dando aula de Espiritismo, diria que estamos falando de nós à luz dos princípios espíritas e psicológicos, estou terapeutizando seus conceitos de vida. Ficou claro?

— Muito claro, doutora. E eu sou muito grata por dar tanta luz à minha mente limitada e tanta esperança ao meu coração sofrido. Suas palavras são um santo remédio. E, sinceramente, não estou cobrando, mas lamento muito que certos centros espíritas não ensinem essa riqueza do autoamor, dos cuidados primordiais para conosco.

— Hilda, algumas vezes, só mesmo com ajuda especializada para superarmos tudo isso. Você nem imagina como tenho no meu consultório pacientes de que nenhuma religião deu conta nesse assunto. Na verdade, nem era para dar, não é mesmo? Autoamor é um aprendizado que não pode ser ensinado com os métodos e a forma de comunicação, como os que vêm sendo usados na maioria das casas espíritas.

A religião pode amparar e aliviar, mas solução vem mesmo é de uma postura perante suas próprias dificuldades. E para isso, o que a pessoa precisa é de alguém que a acompanhe individualmente para desenvolver essa performance comportamental. Não é função do centro espírita ser uma espécie de *personal* da alma. Essa tarefa compete a especialistas, e o desenvolvimento do autoamor precisa de apoio, orientação, técnica, exercício e a construção de uma nova relação de acolhimento com o sombrio.

Autoamor solicita também um profundo investimento em como se adaptar à pessoa nova na qual vamos nos transformar. Até mesmo mudanças positivas criam perdas e toda mudança solicita arrimo. Quem assume um compromisso de autenticidade deve se preparar para perder a pessoa que achava que era, essa a primeira e mais dolorosa perda.

Sinceramente, além do centro espírita não estar pronto para isso, não acredito também que isso seja parte de sua missão. O que faltou a você é descobrir isso e achar seu caminho. Centro espírita é apenas um caminho e não "o" caminho como querem muitos.

Agradeço a Deus e aos espíritos por ter encontrado a senhora. Nesse meu momento de dor, o centro espírita, os amigos espíritas e a ajuda espiritual estão servindo de alivio às minhas dores. Entretanto, é aqui que tenho encontrado as respostas que eu tanto preciso para mudar minha vida, na terapia, com seu carinho e sua competência.

As consultas de Irene e Hilda, sob a orientação de doutora Sandra, constituíam um farto material de reflexão.

A sensibilidade da terapeuta era uma expressão da sua capacidade de amar a si mesma. Sua linguagem clara, prática e motivadora dispensava as técnicas e mostrava uma profissional afetivamente próxima de seus pacientes.

Os apontamentos fornecidos por ela estavam em completa afinidade com *O livro dos espíritos* quando este diz, na questão 886, que o verdadeiro sentido da palavra caridade é ter benevolência para com todos, indulgência para as imperfeições alheias e perdão das ofensas. Essa conceituação inclusiva de caridade é o roteiro de paz para nossas vidas.

Amor ao próximo, mas igualmente a nós. Cuidados com quem amamos serão mais bem alcançados na medida em que cuidamos de nossas necessidades pessoais. Quanto mais luz sobre o nosso sombrio interior, mais chances temos de ser alguém melhor também para o nosso próximo.

Benevolência com todos, incluindo, evidentemente, a nós mesmos. Exerçamos a bondade de ânimo em nossas ações, doçura e afabilidade com nossas falhas e boa vontade com nosso desejo de melhorar. Merecemos o bem e o amor.

Indulgência com as imperfeições alheias, mas também com as nossas. Sem um acolhimento das nossas próprias imperfeições ficaremos distantes do caminho da aceitação. E a aceitação legítima é a porta que se abre para a compaixão e a compreensão, as virtudes práticas da expressão do amor.

Perdão das ofensas é um trabalho com a dor da mágoa que sitia nossos sentimentos nos dramas da relação. Perdoar ofensas é uma ação profunda de honestidade emocional que nos permite investigar as mensagens dolorosas que a mágoa quer nos ensinar. Mágoa é um sentimento cujo propósito terapêutico é nos conduzir à reflexão sobre nossas próprias imperfeições, presentes no relacionamento com nosso ofensor ou ofensores. É necessário considerar que esse perdão ao ofensor só será legítimo se antes for feita essa terapia da ofensa em nossa intimidade. Por isso *O livro dos espíritos* trata do perdão das ofensas e não do ofensor.

Autoamor, sem dúvida, é a conduta que brilhará no dicionário dos tempos novos da Terra, é o remédio mais urgente para nossas carências milenares que são a falta de laços com os nossos próprios corações, com a nossa essência divina. Precisamos sair da sintonia com o nosso lado mais pobre e mais necessitado.

A proposta do *Livro dos espíritos* é de uma sabedoria infinita. É um projeto avançado de amor, no qual encontraremos o caminho para preencher esse vazio provocado pela carência afetiva e enriquecer nossas vidas de luz e paz na alma.

ENCONTROS AFETIVOS PLANEJADOS

"Os encontros, que costumam dar-se, de algumas pessoas e que comumente se atribuem ao acaso, não serão efeito de uma certa relação de simpatia?
Entre os seres pensantes há ligação que ainda não conheceis. O magnetismo é o piloto desta ciência, que mais tarde compreendereis melhor."

O livro dos espíritos, questão 388.

Como diz doutor Inácio, a doutora Sandra é um braço forte da Casa da Piedade em pleno mundo físico. Entre milhares de cooperadores reencarnados, ela é a alma sensível com a qual podemos sempre contar nos ambientes áridos e, quase sempre, trágicos do Hospital João XXIII, sempre disponível no seu consultório como também na Casa da Fraternidade.

Doutora Sandra, juntamente com centenas de profissionais experientes e devotados à saúde humana, faz parte dos círculos terapêuticos na Casa da Piedade. Todas as noites, em desdobramento pelo sono, participam de palestras, cursos, estudos e atividades socorristas.

Doutor Inácio, com sua bagagem médica e psiquiátrica, é um dos coordenadores desse projeto de amor em favor de mentes em desalinho fora e dentro da matéria. Sob suas orientações seguras adquiridas na vivência, colaboradores como a doutora Sandra recebem assistência contínua em suas atividades profissionais e voluntárias.

O funcionamento dessa iniciativa em relação aos socorridos pelas equipes médicas obedece ao critério de afinidade e tipo de necessidade. Doutora Sandra, doravante, passou a ser, fora do corpo físico, a "madrinha", por assim dizer, de Irene e Hilda. Sob sua tutela já havia dezenas de pacientes.

As atividades em favor de Hilda, Irene, Hanna e Laerte continuavam surtindo efeitos satisfatórios. Eles representavam um grupo menor de assistidos cujos resultados esperados eram alcançados em plenitude. Essa, entretanto, não era a rotina da Casa da Piedade. Ao narrar esses quatro casos, escolhemos histórias que retratavam a colaboração e o desejo de melhora presente em todos os pacientes. Na maioria dos episódios, as interferências da família encarnada, o apego aos bens materiais e a perturbação mental sempre criavam profundas e drásticas alterações nos planos do bem em favor da dor humana.

Na quarta-feira seguinte às consultas de Irene e Hilda com a doutora Sandra, deslocamo-nos para a Casa da Fraternidade para acompanhar de perto a assistência a centenas de pacientes internados na Casa da Piedade e também o amparo que a elas seria dispensado.

Chegamos com muita antecedência ao centro espírita e verificamos que, conforme o combinado, Hilda aguardava Irene na porta de entrada, como sempre, acompanhada de sua mãe.

Depois dos preparativos na enfermaria, realizados com a companhia constante de Carminha, fomos até a porta do centro e constatamos uma ansiedade em Hilda com relação à chegada de Irene. Poucos minutos depois, ela estacionou o carro e foi recebida calorosamente pelas duas.

Boa noite! Nossa, que bom vê-las aqui! – cumprimentou Irene com alegria espontânea.

Olá Irene, boa noite! Estávamos aguardando você para poder entrar.

Eu agradeço muito a gentileza de me esperarem. Eu estou aflita e com o coração disparado. Não consegui de forma alguma parar de pensar neste momento.

É assim mesmo, Irene. Você será muito amparada nessa casa. Vamos entrar?

Vamos, sim. Não vejo a hora de conhecer o lugar.

As três entraram e tomaram seus lugares. Irene parecia uma criança. A companhia de Hilda e sua mãe a acalmaram.

Um dos acolhedores dirigentes da casa iniciou a reunião explicando como funcionava o tratamento. Foi feita uma leitura do livro *Pão nosso*, de Emmanuell, pela psicografia de Francisco Cândido Xavier e, em seguida, um dos médiuns presentes recebeu uma orientação para proferir a bela e conhecida Prece de Caritas que ele fez quase mediunizado:

> "Deus nosso Pai, vós que sois todo poder e bondade. Dai a força àquele que passa pela provação. Dai a luz àquele que procura à verdade. Ponde no coração do homem a compaixão e a caridade.
>
> Deus, dai ao viajor a estrela guia, ao aflito a consolação, ao doente o repouso.
>
> Pai, dai ao culpado o arrependimento, ao espírito a verdade, a criança o guia, ao órfão o pai.
>
> Senhor, que a vossa bondade se estenda sobre tudo que criaste. Piedade senhor para aqueles que não vos conhecem. Esperança

para aqueles que sofrem. Que a vossa bondade permita aos espíritos consoladores derramarem por toda parte a paz, a esperança e a fé.

Deus, um raio, uma faísca do vosso amor pode abrasar a Terra. Deixai-nos beber nas fontes esta bondade fecunda e infinita e todas as lágrimas secarão, todas as dores acalmar-se-ão. Uma só oração, um só pensamento subirá até vós, como um grito de reconhecimento e de amor.

Como Moisés sobre a montanha nós lhe esperamos com os braços abertos. Oh bondade! Oh beleza! Oh perfeição! E queremos de alguma sorte alcançar vossa misericórdia.

Deus, dai-nos a força de ajudar o progresso a fim de subirmos até vós. Dai-nos a caridade pura. Dai-nos a fé e a razão. Dai-nos a simplicidade, que fará de nossas almas um espelho onde se refletirá a vossa santa e misericordiosa imagem."

O público foi envolvido em elevadas vibrações espirituais. Uma brandura e uma comoção tomaram conta de todos.

Equipes carinhosas da Casa da Fraternidade começaram a chamar os assistidos pelo número da ficha entregue antes da reunião. Chegando a vez de Irene, conduziram-na até à sala de tratamento. Uma luz verde clara no teto e vários médiuns e passistas ao lado de macas muito bem asseadas efetuavam o tratamento espiritual.

Assim que Irene deitou-se na maca, o médium disse:

Existe uma pessoa linda ao seu lado.

Isso é bom? – perguntou Irene com simplicidade.

É uma pessoa que te ama muito e quer falar com você.

Eu vou poder saber quem é?

O nome dela é Marília. Você conhece?

É minha mãe! – já respondeu chorando.

O médium, com muita naturalidade e com sentimento maternal, já incorporado por Marília, pegou as duas mãos de Irene, e falou.

Filha querida, Deus te abençoe. Voltei. A vida não se consuma nas lápides frias da morte. Estou aqui ao seu lado como sempre estive, especialmente nesses últimos tempos. A morte, filha querida, não separa quem se ama. Nunca estivemos tão próximas como agora.

Reconheço que, na vida física, quando vivi ao seu lado, nem sempre atendi aos seus pedidos de amor materno. Hoje, fora da matéria, sinto-me mais sua mãe do que nunca. A bondade celeste é tão vasta e misericordiosa que permite que nossas mãos invisíveis se materializem, por meio de médiuns bondosos e de pessoas do bem.

Doutor Inácio, médico e amigo em minhas atividades espíritas, foi um instrumento das bênçãos que felicitaram o seu caminho, juntamente com vários outros corações desse outro lado da vida.

A doutora Sandra, essa mulher do bem e da luz, de alguma forma, falava as palavras e ministrava as orientações que eu mais gostaria de lhe dizer. Por várias vezes, estando ao seu lado, não sabia se quem falava era ela ou eu.

Não faltou amparo e carinho, minha filha, para nenhuma de nós. Em verdade, Deus não desampara ninguém.

Sinto-me reconfortada nesse instante, porque jamais imaginei que estaríamos tão próximas. No corpo desse médium carinhoso sinto-me como se estivesse na matéria, e segurar suas mãos novamente é para mim motivo de festa e alegria.

Filha, querida, eu sei bem de suas angústias, de seus tropeços e também de suas vitórias. E, nesta noite de luz e paz, eu não vim aqui apenas para atender a interesses pessoais, trouxe comigo, além do sentimento de mãe, a missão de promover um reencontro. Um reencontro com propósitos de desfazer os nós afetivos de sua alma e de uma pessoa que muito a amou. Você consegue imaginar quem está aqui comigo?

Mãezinha querida, eu não sei nem se consigo falar. Estou engasgada, meu coração parece que vai sair pela boca. Eu nem imagino quem possa ter interesse em me ver.

Filha, sobre as suas mãos e as minhas se junta agora o toque suave, acolhedor e amoroso de alguém que tem profundo amor por você, sinta!

Marília ficou em silêncio por alguns segundos para permitir à filha captar a presença espiritual e, pelas vias sagradas do afeto, Irene percebeu um nome, mas não acreditou. Pensou se tratar de pensamentos da sua própria cabeça. Ansiosa, falou:

Mãe, será possível que...

Sim, Irene, é ela. Tia Adélia veio falar com você.

A paciente não suportou a notícia e entregou-se a um choro convulsivo. Apertava as mãos do médium como se desejasse que aquele momento nunca terminasse. Sentiu-se tão bem, completa e reconfortada que toda a sua apreensão foi embora. Parecia anestesiada, leve, com uma felicidade incontida. Marília continuou a conversa:

Ela me diz que você não sabe, mas uma das razões da mudança dela para São Paulo foi o fato de que adoeceu e faleceu com a terrível doença da AIDS. Seu pai sabia disso e sempre poupou você de saber a verdade, em parte por caridade e em parte por vergonha. Todavia, ela nunca se esqueceu de você. Ela me diz nesse instante que, mesmo não podendo seguir seus passos tanto quanto gostaria, deseja que o amor possa preencher seu coração novamente, assim como preencheu o dela. Ela me diz que você precisa saber que ela realmente a amou de verdade.

Mãe, como pode isso? Eu era tão pequena. Que tipo de amor é esse?

Ela me diz, filha, que em respeito à sua idade e às necessidades dela, preferiu a distância para que o amor não sucumbisse ao peso de desejos e interesses pessoais que não seriam sensatos à época. Entretanto, o que mais importa é que você saiba que ela te amou de verdade.

Tia Adélia ainda está em tratamento, minha filha, mas com a concordância do doutor Inácio e de outros corações ligados ao dela, foi autorizada essa visita.

Diga a Tia Adélia, minha mãe, que eu sinto muita falta dela.

Ela sabe, Irene. Sabe tanto que participou, junto aos amigos queridos, ligados ao seu coração, dos planos que Deus reserva para o seu futuro. O tempo vai, brevemente, chamá-la a novas e mais ricas experiências na vida, minha filha, querida. Deus proteja seus caminhos.

Dê-me a sua benção, mãezinha!

Você a tem, filha. Deus lhe abençoe e dê paz!

Irene ficou profundamente admirada e o médium pediu a ela que ficasse em silêncio para proceder ao tratamento espiritual. Ela praticamente adormeceu tamanho o estado de relaxamento. Seu duplo etérico estava necessitando de uma limpeza profunda. A matéria mental da culpa estava espalhada por várias partes.

A carência afetiva, em boa parte dos casos, produz um campo de energia muito denso, principalmente em torno do chacra cardíaco. Essa matéria densa impede o funcionamento normal desse chacra que, por sua vez, traz efeitos variados ao sistema emocional. A amargura e o mau humor são alguns desses efeitos mais perceptíveis. Alguns transtornos afetivos, inclusive, são agravados quando esse chacra está nessa condição, tais como a depressão, a ansiedade e a síndrome do pânico. Quando esse chacra fica congestionado, a pessoa não consegue sentir a si mesma com liberdade, sua sensibilidade fica tolhida, por essa razão a sensação de solidão é algo muito constante e comum de se ver em quadros de carência emocional.

Outro resultado muito danoso desse congestionamento energético é que o chacra frontal, no meio da testa, é profundamente afetado em seu nível rotacional. Fica muito lento e, com isso, altera de forma imprevisível o nível de percepção da realidade. A alteração no pensamento é capaz de criar um mundo de percepção distorcida, não necessariamente um delírio, e com o qual a pessoa passa a ter juízos perigosos a respeito da realidade que a cerca, alimentando-se de muitas ideias confusas, mal conectadas, sem lógica concreta e, por vezes, muito abstratas.

Irene foi devidamente auxiliada no realinhamento e asseio de ambos os chacras. Quando o trabalho foi finalizado, o médium a despertou e disse:

Tem mais alguém querendo falar com você.

Meu Deus! Meu coração vai aguentar?

E que *lorvado seja nossu sinhô Jesum Cristo, muzanfia*!

Amém.

Nego véio é Pai João de Angola, *fiinha*.

Pai João. Eu o conheço?

Conhece *fiinha*, mas não *alembra*. *Nego cuidô* de *vosmecê* no pronto-socorro a pedido da *fia* Marília.

Mesmo?

É *fia*. *Nego* e doutor Inácio são amigos de doutora Sandra.

Adoro a doutora.

A *fia* gostou do *conversador* com a mãezinha?

Foi uma benção, Pai João! Nem sei como agradecer. Parece que sou outra mulher.

É sobre isso que o pai *qué fazê conversador* com a *fia*.

A vida é um constante ato de dar e receber, *fia* de Deus. Sua alma sensível pede colo e amor e *nêgo* quer que a *fia pensa* agora que está tudo bem. *Pensa* agora em quantos corações pedem colo e quantos pedem comida.

É muita dor no mundo *pra* tratar, *fia,* e muitas lágrimas *pra* secar!

Todos precisam ser amados, mas amar é também um remédio que cura. Ame, *fia*. Ajude nas tarefas sagradas dessa casa. Oferece seus recursos e, além disso, oferece também sua mão e seus ouvidos, seu carinho e seu afeto. A dor da solidão e do vazio pode também encontrar no amor ao próximo um dos caminhos mais curativos.

A *fia* já está cuidando direitinho das suas dores e das suas tormentas amando mais a si mesma. Isso é a metade do caminho para o aprimoramento. Chegou o momento de fazer algo por mais alguém.

Amor a si e amor ao próximo são como duas asas que, em equilíbrio, promovem um voo perfeito para a liberdade na alma. Ama o seu próximo *muzanfi*a. É isso que *nêgo quer falar pra fia*. Sua cura, sua vida e seu futuro estão nessa direção.

Que Jesum Cristo a proteja, fiinha.

Amém, Pai João.

Irene deixava escorrer grossas lágrimas. Foi uma orientação breve, mas que tocou as fibras profundas da sua alma. Passei a mão sobre sua cabeleira lisa e ela suspirou. Estava completamente extasiada.

O médium pediu que Irene se levantasse da maca, lentamente. Auxiliada por uma senhora que colaborava na tarefa, ela foi amparada e levada até o salão de estudos. Chegando lá, não encontrou Hilda, que havia entrado para ser tratada com outros médiuns.

A mãe de Hilda, percebendo o estado de Irene, ajudou-a a se sentar. Pouco a pouco ela foi absorvendo a ajuda espiritual recebida e prestando atenção nas palavras confortadoras do expositor dos estudos.

Quando Hilda voltou, Irene, impulsivamente, a abraçou como se agradecesse pela oportunidade. Hilda sentiu-se completamente sensibilizada pelo gesto.

Ao terminarem os estudos, saíram juntas até à porta e Irene falou:

Parece que ganhei uma vida nova, Hilda. Sinto-me como se estivesse no céu.

É assim mesmo Irene. Eu também renasci nessa casa de amor.

Nem dá vontade de ir embora. Que medo de não sentir mais o que estou sentindo.

Isso não vai acontecer, tenha certeza. Há semanas estou em tratamento e, ao contrário, essa sensação aumenta cada dia mais. Volta para sua casa com confiança.

Eu posso pedir uma coisa?

Claro! O que é?

Posso ligar para você amanhã de manhã?

Sem dúvida. Anote aí o meu celular. Estarei aguardando seu telefonema.

As três se despediram. Hilda e sua mãe pegaram um táxi, enquanto Irene pegou seu automóvel. Saímos dali com nossa equipe em direção às tarefas que nos aguardavam. No dia seguinte, pela manhã, Irene ligou para Hilda.

Bom dia, Hilda! – falou com muita alegria.

Bom dia, Irene! Vejo que você continua maravilhada.

Estou me sentindo livre, Hilda. Não sei o que é isso há tempos. Em verdade, nem sei se já experimentei esse estado de graça algum dia nessa vida.

Também estou do mesmo jeito, amiga. Posso chamá-la assim?

Claro, Hilda. Aliás, é sobre isso que quero lhe falar. Obrigado amiga, pelo seu carinho e atenção na noite de ontem. Foi muito importante para mim, ver você e sua mãe me esperando na porta da Casa da Fraternidade. Inesquecível!

Que é isso, Irene! Eu também fui muito ajudada por tantas pessoas nessa fase da minha vida. Não há o que agradecer.

Você acredita que ontem minha mãe veio falar comigo através do médium? E depois ainda recebi orientações de um espírito preto-velho chamado Pai João de Angola.

Esse eu conheço. Pai João é uma alma do bem e da luz.

Esse preto-velho disse que me assistiu no período em que estive no Hospital João XXIII.

Sim, eu também fui ajudada por ele quando estive lá.

Você também esteve no João XXIII?

Bastou essa pergunta de Irene para que as duas percebessem as inúmeras coincidências de vida entre elas. O tempo quântico de ambas no relógio do universo estava com os ponteiros no mesmo lugar. A amizade brotou espontânea e sólida entre as duas.

Nas semanas seguintes encontraram-se no centro espírita, nos telefonemas, no consultório da doutora Sandra e nas atividades assistenciais a que se integraram na Casa da Fraternidade, promovendo cada vez mais a proximidade e os laços afetivos. A vida e o destino entrelaçando vidas! Elas se uniam pelas necessidades, pelos interesses e pelo merecimento. Foram construindo laços e ideais.

Em uma tarde, tomando um café juntas, sentiram que seus corações estavam muito próximos. O olhar dizia tudo. Hilda recusou-se a pensar no que seu coração pedia, entretanto, Irene, ao olhar para Hilda sentiu como se sua tia Adélia estivesse naquele olhar. E disse:

Eu não quero feri-la, muito menos perder sua amizade Hilda, mas posso lhe fazer uma pergunta?

Claro – respondeu Hilda titubeante como se quisesse dizer não, dizendo sim.

Depois desses meses juntas, eu tenho pensado na nossa amizade, em como tudo aconteceu e...

Irene... – Hilda tentou interromper, mas ao mesmo tempo confirmava o sentimento que vinha nas palavras de Irene.

Eu preciso perguntar algo, perdoe-me se estiver equivocada.

Fale logo, Irene! Estou ficando aflita.

Está acontecendo algo entre nós?

Ai, Irene! Nem sei como responder. Que vergonha!

Está ou não?

Está sim, Irene. Mas isso é muito novo para mim, eu tenho muito medo.

Entendo. Prefere esquecer?

De forma alguma.

Então?

Só peço tempo, eu nunca pensei que amaria uma mulher um dia.

Está me amando, então? – falou Irene com um sorriso do tamanho do mundo.

E você, não?

Claro, Hilda, claro que sim. Você já ultrapassou a linha da pura amizade para mim.

Só peço calma a você. Preciso assimilar isso.

Entendo. Para mim não é novidade esse tipo de relacionamento, mas vou lhe dar o tempo que você precisar.

Não será muito. Eu não sei por quanto tempo aguentarei.

Podemos ir conversando sobre o assunto. Eu posso lhe contar o que sei e quais foram as minhas experiências. O que você acha?

Acho muito oportuno. Também posso lhe falar sobre minhas vivências, diga-se de passagem, frustradas e infelizes. Quase me casei com quem nunca seria feliz!

Nos anais do mundo espiritual aquele encontro já estava selado há tempos. Irene e Hilda com mais alguns meses já estavam tomando providências para morarem juntas. A vida as entrelaçou em propósitos de luz e libertação, para que o grande ideal de suas existências fosse ficar de bem com a vida.

Irene encontrou uma vida com amor, alegria e intenso desejo. Hilda nunca havia sentido tanto amor em sua vida. Ambas, cuidadosas a respeito de si próprias, cultuavam o autoamor e, por essa mesma razão, alcançaram um excelente nível de cumplicidade uma com a outra.

Como diz o Evangelho do Cristo em Mateus, capítulo sete, versículo sete: "Pedi e dar-se-vos-á; buscai e encontrareis; batei e abrir-se-vos-á.". Irene e Hilda estavam em uma procura legítima de reconstrução interior. Mais que buscar alguém que lhes completasse afetivamente, elas procuravam estar bem consigo mesmas. Cansadas e oprimidas por experiências desgastantes no campo do afeto, ambas perceberam que a vida e suas leis pedem movimento e ação. É preciso, como ensina Jesus, pedir, buscar e bater.

Entretanto, muitos corações atormentados pela carência afetiva interpretam o pedir como oração interesseira, o buscar como uma transferência de responsabilidade para o outro e o bater como confiança ilimitada e sem critérios. Pedir, buscar e bater são movimentos interiores sagrados que atuam nas leis cósmicas e focados, antes de tudo, em si mesmo.

Pedir que traduza sentimentos nobres de paciência e aceitação. Sem pedir, não há reação aos interesses que ativam o progresso.

Buscar o seu lado mais reluzente e virtuoso, sua parcela de luz interior. Sem buscar, não há atração para o merecimento.

Bater na procura de um contato com seu eixo essencial. Sem bater, não há elo com suas necessidades mais reais e profundas.

Irene e Hilda, por conta de suas necessidades, interesses e merecimentos, espalharam forças na vida para se encontrarem, fato esse muito bem explicado em *O livro dos espíritos*, na pergunta 388, que nos esclarece que esses encontros não são fruto do acaso e que estão baseados em uma relação de simpatia. Que alguns deles são baseados em uma ligação que ainda não conhecemos, onde o magnetismo é o piloto dessa afinidade.

O magnetismo de ambas as uniu perante a vida. Nem sempre tais planos de ventura pelos sagrados laços da união afetiva são previamente marcados no mundo dos espíritos, antes do renascimento. Em verdade, a maioria deles tem sido construída no suceder dos acontecimentos da vida. O destino pode ser conceituado como encontro de necessidades, interesses e merecimentos e não como um plano rígido estabelecido e que tem de ser cumprido. As lutas da carência afetiva na Terra pavimentam uma longa estrada de imprevisibilidade. O impulsivo e descontrolado desejo de ser amado cria circunstâncias e elas orientam os destinos.

Hilda e Irene fizeram algo de diferente para se encontrarem. Descobriram que estar de bem com a vida não pode ser um ato de responsabilizar alguém pela nossa felicidade, tarefa essa ingrata e pesada que vem dilapidando muitos corações na Terra.

Amar-se, descobrir que a vida pode nos completar com muitos prazeres e com muitas alegrias, independente de ser amado por outra pessoa, pode ser o primeiro passo para uma ótima união afetiva ou, quem sabe, o caminho para apenas ficar de bem com a vida.

ENCERRAMENTO

COMO VENCER O CICLO EMOCIONAL VICIOSO DA CARÊNCIA AFETIVA

O ciclo de dependência emocional de uma pessoa carente em relação a quem ela dirige seu afeto é o seguinte:

- O carente se sente vazio emocionalmente, não se identifica com seu merecimento e valor pessoal, porém, não perdeu seu instinto natural de ser amado, por essa razão mantém o propósito universal de amar e não deixa de procurar em suas relações os caminhos para esse amor. Não conseguindo se suprir do legítimo amor, concentra sua necessidade em outra pessoa delegando a ela a responsabilidade de fazê-lo se sentir bem-amado. Como isso não acontece, com o tempo, passa a adotar uma atitude compulsiva nesse objetivo.

- Ele deposita essa expectativa de felicidade na relação e, o mais grave, adota isso como critério de valor pessoal do tipo "se tenho alguém, tenho valor, se não tenho, sou sem valor". Confunde carência afetiva com autovalorização.

- Em algum momento, a pessoa amada não vai conseguir suprir ou corresponder essa expectativa, aí, ele entra em clima de frustração e decepção.

- Diante desse quadro, o carente se desdobra para dar mais amor ao outro sob a pressão do medo de perder essa pessoa; inconscientemente, ao dar mais amor deseja receber mais amor também.

- Se a pessoa amada é alguém de bem e em plena sanidade, sente-se sufocada diante desse movimento de doação excessiva e tende a se distanciar.

- O carente, nessa etapa, passa da frustração e da decepção para a mágoa profunda. Sente-se rejeitado e se esforça ainda mais para tentar provar sua importância na vida do outro, perdendo sua sensatez. Aumentam as cobranças descabidas na busca de mais amor.

- O resultado disso é que a pessoa amada demonstra ainda mais desinteresse e afastamento. Nessa fase, além de magoado, ele se sente culpado e faz qualquer coisa que o outro queira para retomar o controle da situação. Nessa altura do ciclo, ele está completamente dependente e refém do autoabandono.

- Aí a relação fica pesada e a pessoa amada não suporta mais esse ciclo e sai fora.

- O carente se sente irremediavelmente abandonado e desprezado.

No ciclo apresentado acima, a pessoa amada é alguém em equilíbrio e que não vai responder às expectativas do carente. Imagine agora esse ciclo quando a pessoa amada é um explorador, um machista, um psicopata ou simplesmente alguém sem valor moral.

Em muitos casos, nessa condição doentia de carência, os envolvidos tentam explicar o que lhes acontece e, absurdamente, chamam isso de carma, aquela "coisa" pela qual a pessoa tem de passar por causa de uma dívida do passado para com a pessoa que ama.

Façamos agora algumas reflexões sobre como vencer esse ciclo de carência:

Deixar de lado as expectativas exageradas sobre o mundo, as pessoas e a vida. São essas expectativas que sustentam um mecanismo chamado idealização que é você com dificuldade de conviver com a realidade do mundo como ele é. As pessoas vão preencher parte da sua necessidade de afeto, não toda ela. Pegue as rédeas de sua vida e pare de confiá-la a outras pessoas.

Evite fazer uma vinculação entre valor pessoal e medo, tristeza, angústia e culpa. Todas as pessoas vão experimentar algum nível desses sentimentos e isso, necessariamente, não quer dizer que seja uma doença ou que defina quem você é. Não existe uma vida com felicidade o tempo todo. Existem momentos melhores e piores, e o que faz com que um ou outro predomine é sua forma de enxergar as situações e a ausência de cobranças e julgamentos que nada acrescentam.

Reconheça outras fontes de afeto e alegria além do relacionamento amoroso e familiar, tais como um convite para uma festa, um evento, uma gentileza que alguém faz a você, o seu trabalho e a convivência com seus colegas, a atividade física e seus companheiros esportistas, o prazer sexual, a convivência com animais, um hobby que seja gratificante, a participação em algo generoso em favor de alguém, o cuidado com seu corpo etc. Qualquer movimento que envolva o amor, a alegria e a sensação de ser útil são fontes profundas de afeto.

Faça mais amigos ou busque círculos de convivência que permitam mais satisfação. Conquiste amigos e não um par afetivo para se casar. Desfrute de momentos com essas pessoas. Trabalhe bem a sua sensação de pertencimento. Isso pode trazer a você mais alegrias e bem-estar do que um casamento. A sensação de pertencimento costuma diminuir ou até extinguir o sentimento de rejeição, em muitos casos.

Realize coisas boas para você, algo que lhe dê prazer. Aprenda algo novo, um idioma, uma nova profissão, uma leitura diferente, uma viagem, uma nova casa, outro emprego e, faça tudo isso com envolvimento, com gosto. Consuma-se em paixões por atividades e substitua sua mente da fixação de ter alguém para suprir afeto.

Busque ajuda terapêutica para aprender a identificar e curar suas dores emocionais: mágoas, perdas, traumas, sufocamento, vazio existencial, medos e outros contextos da alma que estruturam a carência afetiva. Examine quais são suas crenças que estão gerenciando o sentimento de rejeição, de baixa autoestima e de escassez afetiva.

Dê novo significado ao sentimento de solidão. Ela pode existir sem você se sentir solitário ou abandonado. Aprenda a ser boa companhia para você mesmo.

Exercite a prática do autoamor, perguntando a você mesmo: o que eu gostaria que outra pessoa fizesse por mim e que eu mesmo posso fazer? O que eu gostaria que alguém me desse ou suprisse em mim? Aquilo que você espera de alguém, dê a si mesmo. Quer atenção e carinho? Cuide de você gastando tempo e gentilezas com sua vida. Quer alguém para levar você a um belo jantar? Faça você mesmo isso por você. Isso não significa que você deve deixar de querer ser amado, mas aprenda a se suprir, a se bastar. Compreenda e, sobretudo, aceite que o afeto do outro não é solução para sua carência afetiva.

E para concluir, lembremos o ensino de Pai João de Angola neste livro: carência é falta de si mesmo. É não conseguir sentir por si o amor que você merece. A solução para isso, inegavelmente, está em aprender os caminhos que podem nos levar ao autoamor.

A esse respeito fica a sugestão da leitura e estudo de outro livro escrito por Pai João de Angola: *Fala, preto-velho*.

Muita paz e alegria no caminho de todos!

Wanderley Oliveira.

Belo Horizonte, novembro de 2014.

FICHA TÉCNICA

TÍTULO
Abraço de Pai João

AUTORIA
Espírito Pai João de Angola
Psicografia de Wanderley Oliveira

EDIÇÃO
1ª / 2ª reimpressão

EDITORA
Dufaux (Belo Horizonte MG)

ISBN
978-85-63365-61-3

CAPA
Tiago Macedo

PROJETO GRÁFICO
Priscilla Andrade e Tiago Macedo

DIAGRAMAÇÃO
Priscilla Andrade

REVISÃO DA DIAGRAMAÇÃO
Nilma Helena

REVISÃO ORTOGRÁFICA
Sandra Schamas e Débora Donadel

COORDENAÇÃO E PREPARAÇÃO DE ORIGINAIS
Maria José da Costa e
Nilma Helena

COMPOSIÇÃO
Adobe Indesign, plataforma Windows

PÁGINAS
230

TAMANHO DO MIOLO
Miolo 16x23
Capa 47x23

TIPOGRAFIA
Texto principal: Georgia 12pt
Título: Depot 22pt
Notas de rodapé: Georgia 10pt

MARGENS
22 mm: 25 mm: 28 mm: 22 mm
(superior:inferior:interna;externa)

PAPEL
Miolo em Pólen 70g/m2
Capa em Cartão Supreme 250g/m2

CORES
Miolo 2 x2 cores Pantone 367c
Capa em 4x0 cores CMYK

IMPRESSÃO
Instituto Editorial D'Esperance

ACABAMENTO
Miolo: Brochura, cadernos de 32 páginas, costurados e colados.
Capa: Laminação Fosca

TIRAGEM
500 exemplares

PRODUÇÃO
Fevereiro / 2023

NOSSAS PUBLICAÇÕES

SÉRIE AUTOCONHECIMENTO

DEPRESSÃO E AUTOCONHECIMENTO - COMO EXTRAIR PRECIOSAS LIÇÕES DESSA DOR

A proposta de tratamento complementar da depressão aqui abordada tem como foco a educação para lidar com nossa dor, que muito antes de ser mental, é moral.

Wanderley Oliveira
16 x 23 cm
235 páginas

FALA, PRETO VELHO

Um roteiro de autoproteção energética através do autoamor. Os textos aqui desenvolvidos permitem construir nossa proteção interior por meio de condutas amorosas e posturas mentais positivas, para criação de um ambiente energético protetor ao redor de nossas vidas.

Wanderley Oliveira | Pai João de Angola
16 x 23 cm
291 páginas

QUAL A MEDIDA DO SEU AMOR?

Propõe revermos nossa forma de amar, pois estamos mais próximos de uma visão particularista do que de uma vivência autêntica desse sentimento. Superar limites, cultivar relações saudáveis e vencer barreiras emocionais são alguns dos exercícios na construção desse novo olhar.

Wanderley Oliveira | Ermance Dufaux
16 x 23 cm
208 páginas

APAIXONE-SE POR VOCÊ

Você já ouviu alguém dizer para outra pessoa: "minha vida é você"? Enquanto o eixo de sua sustentação psicológica for outra pessoa, a sua vida estará sempre ameaçada, pois o medo da perda vai rondar seus passos a cada minuto.

Wanderley Oliveira
16 x 23 cm
152 páginas

A VERDADE ALÉM DAS APARÊNCIAS - O UNIVERSO INTERIOR

Liberte-se da ansiedade e da angústia, direcionando o seu espírito para o único tempo que realmente importa: o presente. Nele você pode construir um novo olhar, amplo e consciente, que levará você a enxergar a verdade além das aparências.

Samuel Gomes
16 x 23 cm
272 páginas

DESCOMPLIQUE, SEJA LEVE

Um livro de mensagens para apoiar sua caminhada na aquisição de uma vida mais suave e rica de alegrias na convivência.

Wanderley Oliveira
16 x 23 cm
238 páginas

7 CAMINHOS PARA O AUTOAMOR

O tema central dessa obra é o autoamor que, na concepção dos educadores espirituais, tem na autoestima o campo elementar para seu desenvolvimento. O autoamor é algo inato, herança divina, enquanto a autoestima é o serviço laborioso e paciente de resgatar essa força interior, ao longo do caminho de volta à casa do Pai.

Wanderley Oliveira | Pai João de Angola
16 x 23 cm
272 páginas

A REDENÇÃO DE UM EXILADO

A obra traz informações sobre a formação da civilização, nos primórdios da Terra, que contou com a ajuda do exílio de milhões de espíritos mandados para cá para conquistar sua recuperação moral e auxiliar no desenvolvimento das raças e da civilização. É uma narrativa do Apóstolo Lucas, que foi um desses enviados, e que venceu suas dificuldades íntimas para seguir no trabalho orientado pelo Cristo.

Samuel Gomes | Lucas
16 x 23 cm
368 páginas

AMOROSIDADE - A CURA DA FERIDA DO ABANDONO

Uma das mais conhecidas prisões emocionais na atualidade é a dor do abandono, a sensação de desamparo. Essa lesão na alma responde por larga soma de aflições em todos os continentes do mundo. Não há quem não esteja carente de ser protegido e acolhido, amado e incentivado nas lutas de cada dia.

Wanderley Oliveira | Ermance Dufaux
16 x 23 cm
300 páginas

MEDIUNIDADE - A CURA DA FERIDA DA FRAGILIDADE

Ermance Dufaux vem tratando sobre as feridas evolutivas da humanidade. A ferida da fragilidade é um dos traços mais marcantes dos aprendizes da escola terrena. Uma acentuada desconexão com o patrimônio da fé e do autoamor, os verdadeiros poderes da alma.

Wanderley Oliveira | Ermance Dufaux
16 x 23 cm
235 páginas

CONECTE-SE A VOCÊ - O ENCONTRO DE UMA NOVA MENTALIDADE QUE TRANSFORMARÁ A SUA VIDA

Este livro vai te estimular na busca de quem você é verdadeiramente. Com leitura de fácil assimilação, ele é uma viagem a um país desconhecido que, pouco a pouco, revela características e peculiaridades que o ajudarão a encontrar novos caminhos. Para esta viagem, você deve estar conectado a sua essência. A partir daí, tudo que você fizer o levará ao encontro do propósito que Deus estabeleceu para sua vida espiritual.

Rodrigo Ferretti
16 x 23 cm
256 páginas

APOCALIPSE SEGUNDO A ESPIRITUALIDADE - O DESPERTAR DE UMA NOVA CONSCIÊNCIA

Num curso realizado em uma colônia do plano espiritual, o livro Apocalipse, de João Evangelista, é estudado de forma dinâmica e de fácil entendimento, desvendando a simbologia das figuras místicas sob o enfoque do autoconhecimento.

Samuel Gomes
16 x 23 cm
313 páginas

VIDAS PASSADAS E HOMOSSEXUALIDADE - CAMINHOS QUE LEVAM À HARMONIA

"Vidas Passadas e Homossexualidade" é, antes de tudo, um livro sobre o autoconhecimento. E, mais que uma obra que trada do uso prático da Terapia de Regressão às Vidas Passadas . Em um conjunto de casos, ricamente descritos, o leitor poderá compreender a relação de sua atual encarnação com aquelas que ele viveu em vidas passadas. O obra mostra que absolutamente tudo está interligado. Se o leitor não encontra respostas sobre as suas buscas psicológicas nesta vida, ele as encontrará conhecendo suas vidas passadas.
Samuel Gomes

Dra. Solange Cigagna
16 x 23 cm
364 páginas

SÉRIE CONSCIÊNCIA DESPERTA

SAIA DO CONTROLE - UM DIÁLOGO TERAPEUTICO E LIBERTADOR ENTRE A MENTE E A CONSCIÊNCIA

Agimos de forma instintiva por não saber observar os pensamentos e emoções que direcionam nossas ações de forma condicionada. Por meio de uma observação atenta e consciente, identificando o domínio da mente em nossas vidas, passamos a viver conscientes das forças internas que nos regem.

Rossano Sobrinho
16 x 23 cm
268 páginas

SÉRIE CULTO NO LAR

VIBRAÇÕES DE PAZ EM FAMÍLIA

Quando a família se reune para orar, ou mesmo um de seus componetes, o ambiente do lar melhora muito. As preces são emissões poderosas de energia que promovem a iluminação interior. A oração em família traz paz e fortalece, protege e ampara a cada um que se prepara para a jornada terrena rumo à superação de todos os desafios.

Wanderley Oliveira | Ermance Dufaux
16 x 23 cm
212 páginas

JESUS - A INSPIRAÇÃO DAS RELAÇÕES LUMINOSAS

Após o sucesso de "Emoções que curam", o espírito Ermance Dufaux retorna com um novo livro baseado nos ensinamentos do Cristo, destacando que o autoamor é a garantia mais sólida para a construção de relacionamentos luminosos.

Wanderley Oliveira | Ermance Dufaux
16 x 23 cm
304 páginas

REGENERAÇÃO - EM HARMONIA COM O PAI

Nos dias em que a Terra passa por transformações fundamentais, ampliando suas condições na direção de se tornar um mundo regenerado, é necessário desenvolvermos uma harmonia inabalável para aproveitar as lições que esses dias nos proporcionam por meio das nossas decisões e das nossas escolhas, [...].

Samuel Gomes | Diversos Espíritos
16 x 23 cm
223 páginas

PRECES ESPÍRITAS

Porque e como orar?
O modo como oramos influi no resultado de nossas preces?
Existe um jeito certo de fazer a oração?
Allan Kardec nos afirma que *"não há fórmula absoluta para a prece"*, mas o próprio Evangelho nos orienta que *"quando oramos, devemos entrar no nosso aposento interno do coração e, fechando a porta, busquemos Deus que habita em nós; e Ele, que vê nossa mais secreta realidade espiritual, nos amparará em todas as necessidades. Ao orarmos, evitemos as repetições de orações realizadas da boca para fora, como muitos que pensam que por muito falarem serão ouvidos. Oremos a Deus em espírito e verdade porque nosso Pai sabe o que nos é necessário, antes mesmo de pedirmos "*. (Mateus 6:5 a 8)

Allan Kardec
16 x 23 cm
145 páginas

O EVANGELHO SEGUNDO O ESPIRITISMO

O Evangelho de Jesus Cristo foi levado ao mundo por meio de seus discípulos, logo após o desencarne do Mestre na cruz. Mas o Evangelho de Cristo foi, muitas vezes, alterado e deturpado através de inúmeras edições e traduções do chamado Novo Testamento. Agora, a Doutrina Espírita, por meio de um trabalho sob a óptica dos espíritos e de Allan Kardec, vem jogar luz sobre a verdadeira face de Cristo e seus ensinamentos de perdão, caridade e amor.

Allan Kardec
16 x 23 cm
431 páginas

SÉRIE DESAFIOS DA CONVIVÊNCIA

QUEM SABE PODE MUITO. QUEM AMA PODE MAIS

A lição central desta obra é mostrar que o conhecimento nem sempre é suficiente para garantir a presença do amor nas relações. "Estar informado é a primeira etapa. Ser transformado é a etapa da maioridade." - Eurípedes Barsanulfo.

Wanderley Oliveira | José Mário
16 x 23 cm
312 páginas

QUEM PERDOA LIBERTA - ROMPER OS FIOS DA MÁGOA ATRAVÉS DA MISERICÓRDIA

Continuação do livro "QUEM SABE PODE MUITO. QUEM AMA PODE MAIS" dando sequência à trilogia "Desafios da Convivência".

Wanderley Oliveira | José Mário
16 x 23 cm
320 páginas

SERVIDORES DA LUZ NA TRANSIÇÃO PLANETÁRIA

Nesta obra recebemos o convite para nos integrar nas fileiras dos Servidores da Luz, atuando de forma consciente diante dos desafios da transição planetária. Brilhante fechamento da trilogia.

Wanderley Oliveira | José Mário
14x21 cm
298 páginas

SÉRIE ESPÍRITOS DO BEM

GUARDIÕES DO CARMA - A MISSÃO DOS EXUS NA TERRA

Pai João de Angola quebra com o preconceito criado em torno dos exus e mostra que a missão deles na Terra vai além do que conhecemos. Na verdade, eles atuam como guardiões do carma, nos ajudando nos principais aspectos de nossas vidas.

Wanderley Oliveira | Pai João de Angola
16 x 23 cm
288 páginas

GUARDIÃS DO AMOR - A MISSÃO DAS POMBAGIRAS NA TERRA

"São um exemplo de amor incondicional e de grandeza da alma. São mães dos deserdados e angustiados. São educadoras e desenvolvedoras do sagrado feminino, e nesse aspecto são capazes de ampliar, nos homens e nas mulheres, muitas conquistas que abrem portas para um mundo mais humanizado, [...]".

Wanderley Oliveira | Pai João de Angola
16 x 23 cm
232 páginas

GUARDIÕES DA VERDADE - NADA FICARÁ OCULTO

Neste momento de batalhas decisivas rumo aos tempos da regeneração, esta obra é um alerta que destaca a importância da autenticidade nas relações humanas e da conduta ética como bases para uma forma transparente de viver. A partir de agora, nada ficará oculto, pois a Verdade é o único caminho que aguarda a humanidade para diluir o mal e se estabelecer na realidade que rege o universo.

Wanderley Oliveira | Pai João de Angola
16 x 23 cm
236 páginas

SÉRIE ESTUDOS DOUTRINÁRIOS

ATITUDE DE AMOR

Opúsculo contendo a palestra "Atitude de Amor" de Bezerra de Menezes, o debate com Erípedes Barsanulfo sobre o período da maioridade do Espiritismo e as orientações sobre o "movimento atitude de amor". Por uma efetiva renovação pela educação moral.

Wanderley Oliveira | Ermance Dufaux e Cícero Pereira
14 x 21 cm
94 páginas

SEARA BENDITA

Um convite à reflexão sobre a urgência de novas posturas e conceitos. As mudanças a adotar em favor da construção de um movimento social capaz de cooperar com eficácia na espiritualização da humanidade.

Wanderley Oliveira e Maria José Costa | Diversos Espíritos
14 x 21 cm
284 páginas

Gratuito em nosso site, somente em:

NOTÍCIAS DE CHICO

"Nesta obra, Chico Xavier afirma com seu otimismo natural que a Terra caminha para uma regeneração de acordo com os projetos de Jesus, a caracterizar-se pela tolerância humana recíproca e que precisamos fazer a nossa parte no concerto projetado pelo Orientador Maior, principalmente porque ainda não assumimos responsabilidades mais expressivas na sustentação das propostas elevadas que dizem respeito ao futuro do nosso planeta."

Samuel Gomes | Chico Xavier
16 x 23 cm
181 páginas

SÉRIE FAMÍLIA E ESPIRITUALIDADE

UM JOVEM OBSESSOR - A FORÇA DO AMOR NA REDENÇÃO ESPIRITUAL

Um jovem conta sua história, compartilhando seus problemas após a morte, falando sobre relacionamentos, sexo, drogas e, sobretudo, da força do amor na redenção espiritual.

Adriana Machado | Jefferson
16 x 23 cm
392 páginas

UM JOVEM MÉDIUM - CORAGEM E SUPERAÇÃO PELA FORÇA DA FÉ

A mediunidade é um canal de acesso às questões de vidas passadas que ainda precisam ser resolvidas. O livro conta a história do jovem Alexandre que, com sua mediunidade, se torna o intermediário entre as histórias de vidas passadas daqueles que o rodeiam tanto no plano físico quanto no plano espiritual. Surpresos com o dom mediúnico do menino, os pais, de formação Católica, se veem às voltas com as questões espirituais que o filho querido traz para o seio da família.

Adriana Machado | Ezequiel
16 x 23 cm
365 páginas

RECONSTRUA SUA FAMÍLIA - CONSIDERAÇÕES PARA O PÓS-PANDEMIA

Vivemos dias de definição, onde nada mais será como antes. Necessário redefinir e ampliar o conceito de família. Isso pode evitar muitos conflitos nas interações pessoais. O autoconhecimento seguido de reforma íntima será o único caminho para transformação do ser humano, das famílias, das sociedades e da humanidade.

Dr. Américo Canhoto
16 x 23 cm
237 páginas

SÉRIE HARMONIA INTERIOR

LAÇOS DE AFETO - CAMINHOS DO AMOR NA CONVIVÊNCIA

Uma abordagem sobre a importância do afeto em nossos relacionamentos para o crescimento espiritual. São textos baseados no dia a dia de nossas experiências. Um estímulo ao aprendizado mais proveitoso e harmonioso na convivência humana.

Wanderley Oliveira | Ermance Dufaux
16 x 23 cm
312 páginas

MEREÇA SER FELIZ - SUPERANDO AS ILUSÕES DO ORGULHO

Um estudo psicológico sobre o orgulho e sua influência em nossa caminhada espiritual. Ermance Dufaux considera essa doença moral como um dos mais fortes obstáculos à nossa felicidade, porque nos leva à ilusão.

Wanderley Oliveira | Ermance Dufaux
16 x 23 cm
296 páginas

REFORMA ÍNTIMA SEM MARTÍRIO - AUTOTRANSFORMAÇÃO COM LEVEZA E ESPERANÇA

As ações em favor do aperfeiçoamento espiritual dependem de uma relação pacífica com nossas imperfeições. Como gerenciar a vida íntima sem adicionar o sofrimento e sem entrar em conflito consigo mesmo?

Wanderley Oliveira | Ermance Dufaux
16 x 23 cm
288 páginas

 [ESPANHOL] [INGLÊS]

PRAZER DE VIVER - CONQUISTA DE QUEM CULTIVA A FÉ E A ESPERANÇA

Neste livro, Ermance Dufaux, com seus ensinos, nos auxilia a pensar caminhos para alcançar nossas metas existenciais, a fim de que as nossas reencarnações sejam melhor vividas e aproveitadas.

Wanderley Oliveira | Ermance Dufaux
16 x 23 cm
248 páginas

ESCUTANDO SENTIMENTOS - A ATITUDE DE AMAR-NOS COMO MERECEMOS

Ermance afirma que temos dado passos importantes no amor ao próximo, mas nem sempre sabemos como cuidar de nós, tratando-nos com culpas, medos e outros sentimentos que não colaboram para nossa felicidade.

Wanderley Oliveira | Ermance Dufaux
16 x 23 cm
256 páginas

 [ESPANHOL]

DIFERENÇAS NÃO SAO DEFEITOS - A RIQUEZA DA DIVERSIDADE NAS RELAÇÕES HUMANAS

Ninguém será exatamente como gostaríamos que fosse. Quando aprendemos a conviver bem com os diferentes e suas diferenças, a vida fica bem mais leve. Aprenda esse grande SEGREDO e conquiste sua liberdade pessoal.

Wanderley Oliveira | Ermance Dufaux
16 x 23 cm
248 páginas

EMOÇÕES QUE CURAM - CULPA, RAIVA E MEDO COMO FORÇAS DE LIBERTAÇÃO

Um convite para aceitarmos as emoções como forma terapêutica de viver, sintonizando o pensamento com a realidade e com o desenvolvimento da autoaceitação.

Wanderley Oliveira | Ermance Dufaux
16 x 23 cm
272 páginas

SÉRIE REFLEXÕES DIÁRIAS

PARA SENTIR DEUS

Nos momentos atuais da humanidade sentimos extrema necessidade da presença de Deus. Ermance Dufaux resgata, para cada um, múltiplas formas de contato com Ele, de como senti-Lo em nossas vidas, nas circunstâncias que nos cercam e nos semelhantes que dividem conosco a jornada reencarnatória. Ver, ouvir e sentir Deus em tudo e em todos.

Wanderley Oliveira | Ermance Dufaux
11 x 15,5 cm
133 páginas
Somente ebook

LIÇÕES PARA O AUTOAMOR

Mensagens de estímulo na conquista do perdão, da aceitação e do amor a si mesmo. Um convite à maravilhosa jornada do autoconhecimento que nos conduzirá a tomar posse de nossa herança divina.

Wanderley Oliveira | Ermance Dufaux
11 x 15,5 cm
128 páginas
Somente ebook

RECEITAS PARA A ALMA

Mensagens de conforto e esperança, com pequenos lembretes sobre a aplicação do Evangelho para o dia a dia. Um conjunto de propostas que se constituem em verdadeiros remédios para nossas almas.

Wanderley Oliveira | Ermance Dufaux
11 x 15,5 cm
146 páginas
Somente ebook

SÉRIE REGENERAÇÃO

FUTURO ESPIRITUAL DA TERRA

As necessidades, as estruturas perispirituais e neuropsíquicas, o trabalho, o tempo, as características sociais e os próprios recursos de natureza material se tornarão bem mais sutis. O futuro já está em construção e André Luiz, através da psicografia de Samuel Gomes, conta como será o Futuro Espiritual da Terra.

Samuel Gomes | André Luiz
16 x 23 cm
344 páginas

XEQUE-MATE NAS SOMBRAS - A VITÓRIA DA LUZ

André Luiz traz notícias das atividades que as colônias espirituais, ao redor da Terra, estão realizando para resgatar os espíritos que se encontram perdidos nas trevas e conduzi-los a passar por um filtro de valores, seja para receberem recursos visando a melhorar suas qualidades morais – se tiverem condições de continuar no orbe – seja para encaminhá-los ao degredo planetário.

Samuel Gomes | André Luiz
16 x 23 cm
212 páginas

A DECISÃO - CRISTOS PLANETÁRIOS DEFINEM O FUTURO ESPIRITUAL DA TERRA

"Os Cristos Planetários do Sistema Solar e de outros sistemas se encontram para decidir sobre o futuro da Terra na sua fase de regeneração. Numa reunião que pode ser considerada, na atualidade, uma das mais importantes para a humanidade terrestre, Jesus faz um pronunciamento direto sobre as diretrizes estabelecidas por Ele para este período."

Samuel Gomes | André Luiz e Chico Xavier
16 x 23 cm
210 páginas

SÉRIE ROMANCE MEDIÚNICO

OS DRAGÕES - O DIAMANTE NO LODO NÃO DEIXA DE SER DIAMANTE

Um relato leve e comovente sobre nossos vínculos com os grupos de espíritos que integram as organizações do mal no submundo astral.

Wanderley Oliveira | Maria Modesto Cravo
16 x 23cm
522 páginas

LÍRIOS DE ESPERANÇA

Ermance Dufaux alerta os espíritas e lidadores do bem de um modo geral, para as responsabilidades urgentes da renovação interior e da prática do amor neste momento de transição evolutiva, através de novos modelos de relação, como orientam os benfeitores espirituais.

Wanderley Oliveira | Ermance Dufaux
16 x 23 cm
508 páginas

AMOR ALÉM DE TUDO

Regras para seguir e rótulos para sustentar. Até quando viveremos sob o peso dessas ilusões? Nessa obra reveladora, Dr. Inácio Ferreira nos convida a conhecer a verdade acima das aparências. Um novo caminho para aqueles que buscam respeito às diferenças e o AMOR ALÉM DE TUDO.

Wanderley Oliveira | Inácio Ferreira
16 x 23 cm
252 páginas

ABRAÇO DE PAI JOÃO

Pai João de Angola retorna com conceitos simples e práticos, sobre os problemas gerados pela carência afetiva. Um romance com casos repletos de lutas, desafios e superações. Esperança para que permaneçamos no processo de resgate das potências divinas de nosso espírito.

Wanderley Oliveira | Pai João de Angola
16 x 23 cm
224 páginas

UM ENCONTRO COM PAI JOÃO

A obra também fala do valor de uma terapia, da necessidade do autoconhecimento, dos tipos de casamentos programados antes do reencarne, dos processos obsessivos de variados graus e do amparo de Deus para nossas vidas por meio dos amigos espirituais e seus trabalhadores encarnados. Narra também em detalhes a dinâmica das atividades socorristas do centro espírita.

Wanderley Oliveira | Pai João de Angola
16 x 23 cm
220 páginas

O LADO OCULTO DA TRANSIÇÃO PLANETÁRIA

O espírito Maria Modesto Cravo aborda os bastidores da transição planetária com casos conectados ao astral da Terra.

Wanderley Oliveira | Maria Modesto Cravo
16 x 23 cm
288 páginas

ebook

PERDÃO - A CHAVE PARA A LIBERDADE

Neste romance revelador, conhecemos Onofre, um pai que enfrenta a perda de seu único filho com apenas oito anos de idade. Diante do luto e diversas frustrações, um processo desafiador de autoconhecimento o convida a enxergar a vida com um novo olhar. Será essa a chave para a sua libertação?

Adriana Machado | Ezequiel
14 x 21 cm
288 páginas

ebook

1/3 DA VIDA - ENQUANTO O CORPO DORME A ALMA DESPERTA

A atividade noturna fora da matéria representa um terço da vida no corpo físico, e é considerada por nós como o período mais rico em espiritualidade, oportunidade e esperança.

Wanderley Oliveira | Ermance Dufaux
16 x 23 cm
279 páginas

ebook

NEM TUDO É CARMA, MAS TUDO É ESCOLHA

Somos todos agentes ativos das experiências que vivenciamos e não há injustiças ou acasos em cada um dos aprendizados.

Adriana Machado | Ezequiel
16 x 23 cm
536 páginas

ebook

RETRATOS DA VIDA - AS CONSEQUÊNCIAS DO DESCOMPROMETIMENTO AFETIVO

Túlio costumava abstrair-se da realidade, sempre se imaginando pintando um quadro; mais especificamente pintando o rosto de uma mulher.
Vivendo com Dora um casamento já frio e distante, uma terrível e insuportável dor se abate sobre sua vida. A dor era tanta que Túlio precisou buscar dentro de sua alma uma resposta para todas as suas angústias..

Clotilde Fascioni
16 x 23 cm
175 páginas

O PREÇO DE UM PERDÃO - AS VIDAS DE DANIEL

Daniel se apaixona perdidamente e, por várias vidas, é capaz de fazer qualquer coisa para alcançar o objetivo de concretizar o seu amor. Mas suas atitudes, por mais verdadeiras que sejam, o afastam cada vez mais desse objetivo. É quando a vida o para.

André Figueiredo e Fernanda Sicuro | Espírito Bruno
16 x 23 cm
333 páginas

LIVROS QUE TRANSFORMAM VIDAS!

Acompanhe nossas redes sociais

(lançamentos, conteúdos e promoções)

- @editoradufaux
- facebook.com/EditoraDufaux
- youtube.com/user/EditoraDufaux

Conheça nosso catálogo e mais sobre nossa editora. Acesse os nossos sites

Loja Virtual
- www.dufaux.com.br

eBooks, conteúdos gratuitos e muito mais
- www.editoradufaux.com.br

Entre em contato com a gente.

Use os nossos canais de atendimento

- (31) 99193-2230
- (31) 3347-1531
- www.dufaux.com.br/contato
- sac@editoradufaux.com.br
- Rua Contria, 759 | Alto Barroca | CEP 30431-028 | Belo Horizonte | MG